樂律

CRIMINAL PSYCHOLOGY

隨機砍人、弒夫虐童、擄人勒贖、毒害同儕……

超過30樁刑案

他們會「被」變成殺人犯？

誰是真正的

犯罪心理學

談罪惡的起源

李娟娟 著
京師心智 組編

- ▶犯罪行為的多樣根源，生理、心理與環境全面剖析
- ▶深度解說殺人前因後果，探討凶手心理與應對策略
- ▶家庭暴力與青少年偏差，強調防範和干預的重要性
- ▶刑罰與犯罪預防的辯證關係，社會安全網如何布置

傾聽「惡魔」的心聲，透視一樁樁「邪惡」的真相

目錄

目錄

第四章
親密愛人另一面 —— 家庭暴力

第五章
豈止觸目驚心 —— 性犯罪

第八章
罪與罰 —— 犯罪的刑責與預防

前言

真的有天生犯罪人嗎？基因對於一個人是否會變成罪犯有著多大的作用？反社會人格又是怎麼一回事？連環殺手扭曲的內心世界是如何形成的？本該溫馨和睦的家庭中為何籠罩著暴力的陰影？作為家庭暴力的受害者又該如何自我保護？為什麼性侵主要發生在熟人之間？男人也會成為性侵的受害者嗎？化學閹割真的可以預防性犯罪嗎？

如果您對這些問題感興趣，不妨翻開這本書，一探究竟。犯罪心理學揭開的是一個幽深、陰暗的精神世界，透視這個世界，可以讓我們了解罪犯的所思所想，他們內心的扭曲與掙扎，客觀地看待犯罪和罪犯，同時也能提高我們的自我保護能力。

本書不是犯罪心理學的學術專著，也不是教科書，而是一本結合案例介紹犯罪心理學知識的通俗讀物。透過一個個真實的案例以及作者深入淺出的分析，我們可以初步了解犯罪心理學這門學科，掌握基本的犯罪心理學知識。

本書涵蓋了形形色色的犯罪，內容豐富，諸如凶殺、暴力犯罪、性犯罪、青少年犯罪、家庭暴力、精神病人犯罪等。犯罪是人類社會無法完全根除的痼疾，就像人類社會不能沒有法律，有了法律就會有違法犯罪，否則法律也就失去了存在的依據。

在貌似平靜的生活表面下，可能湧動著危險的暗流，犯罪的陰影或許就潛伏在我們的周圍。如果我們不想成為犯罪活動的受害者，就要學會自我保護，正視犯罪，了解犯罪，其中的關鍵則是讀懂罪犯的內心世界。學習犯罪心理學的意義恰在於此。

第一章

罪惡始於斯——生理與心理

長得不像好人
—— 面相與犯罪

這故事聽起來令人匪夷所思。

2015年6月，中國重慶市九龍坡區發生一起被盜者反成盜賊的盜竊案，其中，面相學扮演了重要的角色。話說，在一間出租屋裡，一對情侶王某和彭某與另外一位女士周某合租一套房子。一日，王某和彭某將iPhone放在床頭後睡覺，第二天醒來發現兩部手機都不見了，同時不見的還有彭某的手提包。

小情侶在思考到底是誰偷了他們的財物，之後，王某認定是他們的室友周某，原因很簡單：感覺她長得就不像好人。為了試探周某，小情侶故意將他們丟了手機和手提包的事情告訴了周某，周某沒有料想這是一次小心翼翼的試探，立刻幫兩人報了警。周某的熱心之舉非但沒有換來感謝，還被王某、彭某兩人懷疑在「演戲」。

認定周某為竊賊之後，王某決定把她的手機偷走，一泄心頭之憤。王某、彭某兩人在商量決定盜竊之後，日夜觀察周某的生活規律，持續幾日，掌握了周某的生活作息時間後，王某趁周某洗澡時偷偷潛入周某房間，偷走了對方的iPhone。得手後，王某將手機拿去變賣。周某發現手機被偷後，立刻報了警，警察調查發現，盜竊手機的人正是前幾日號稱丟手機的周某的兩位室友。

遭遇竊賊反成竊賊的這對情侶不僅智商「感人」，邏輯思維能力更是「感人」。一個「她長得就不像好人」的念頭就令他們動了偷竊報復之心，實在令人難以理解，又讓人忍不住捧腹大笑。身兼被害者與施害者雙重身分，這對情侶沒有因受害獲得同情，反而因自作聰明的施害成為一時笑柄。

有一點值得我們注意，就是王某的偷竊動機：她長得就不像好人。為什麼一個人的長相可以成為判斷他是否行凶作惡的依據？這裡看似沒有邏輯，其實有深厚的心理淵源。在電影電視劇中，我們總能看到那些「長得就不像好人」的反派人物，比如香港著名的「綠葉」演員「大傻」成奎安，因為他體型高大，一臉橫肉，目露凶光，一度是黑幫片中江湖惡人的不兩人選，但凡有囂張跋扈的黑社會大老出現的場面，總能看到「大傻」的身影。另一位著名「反派」則是「一直演壞人，從未被超越」的演員張耀揚，因為他「凶惡」的相貌太過深入人心，以至於「改邪歸正」演好人時，觀眾都要懷疑他可能是壞人派來的臥底。

雖然人人都知道，壞人並不會將「我是壞人」寫在額頭上，更不會目露凶光、一臉猙獰地走來走去，生怕天下人不知道自己是壞蛋，但是人們刻板地認定，那些面相比較凶狠的人更容易站在「壞人」的佇列裡，而面容乾淨、斯文有禮的人，即使是衣冠禽獸，也會暫時地劃入「好人」的佇列裡。

俗話說「相由心生」，一個人的內心世界是否和相貌、氣質有關呢？在犯罪心理學研究中，義大利犯罪學家龍勃羅梭（Cesare Lombroso）在他的「天生犯罪人」論裡提到過類似的觀點。他研究犯罪人的解剖學、生理學和心理學的特徵，找到了一些異常的體貌特徵，比如他認為，犯罪人具有較大的下頜和顴骨，耳朵的大小與正常人不一樣，竊賊的鼻子歪長著，鼻孔向上或扁平，殺人犯的鼻子則像鷹鼻或鼻子頂部腫脹等等。

其實不只是西方犯罪學研究有這方面的論斷，中國傳統的面相分析更精於此道。重慶持槍搶劫案嫌犯周克華被擊斃後，有人對他的面相做了一番細緻的分析：他的骨感突出，顴骨略露骨，兩腮無肉，腮骨有小外張；眉毛短、稀薄、眉尾不聚，明顯的眉壓眼；印堂塌陷，天庭不飽滿……如此種種，決定了他性格急躁、心胸狹窄、做事衝動，有不服輸的精神，但是無法聚斂財富，事業也不順……

可是心理學家的研究顯示，僅從外表分析面部表情等細節，並不能準確而全面地判斷一個人的性格。基本上，當人們透過照片判斷一個人是否聰明、凶狠或者急躁與否時，其猜測、分析的結果根本不準。可以說，並沒有實證證據表明某一部分的體貌特徵與人的性格有直接的關係，對於相面大師頭頭是道的分析，我們大可一笑置之。想從面相上判斷一個人是否具有犯罪的基因或者犯罪的過往，對目前的犯罪學家和心理學家來說，都是不可能的任務。

所謂「相由心生」這種事，不只來自當事人的心境，更來自觀察者的心境。當有人說，「我看他第一眼就知道他是一個聰明幹練的人」，「聰明幹練」當然不止來自長相，還與穿著打扮、舉手投足、音容笑貌有關，這些表現是能夠反映人們性格的細節。會出現如此判斷，自然與心理學的刻板印象有關。穿著整潔、正式，向人傳達一種靠譜的資訊，而那些面容嚴肅、不苟言笑的人，則給人領導者、指揮者的印象，這是基於較全面資訊進行的判斷。

如果單就五官來說，從外貌特徵判斷人的內在難免會受到偏見的影響。光環效應告訴我們，人們不自覺地對「顏值高」的人抱有好感，傾向於將善良、聰慧、勇敢等標籤貼在他們身上，認為他們工作能力強，性格友好，對於顏值不高的人或者在相貌上存在缺陷的人，則抱有惡意的看法。上文提到的成奎安、張耀揚等人，無法擺脫反派角色，正是偏見作用的結果。戲劇是戲劇，現實是現實，如果照著戲劇的公式或者面相學的公式來尋找罪犯或者潛在罪犯，恐怕要滑天下之大稽了。

天生犯罪人
—— 基因與犯罪

在美國的奧克拉荷馬州有一對普通的夫婦 —— 尼克和朵特·蘭德雷根，他們在 1962 年收養了一個男嬰，並為他取名傑佛瑞（Jeffrey Timothy Landrigan）。朵特是個十分負責的母親，在照料孩子時十分細心，甚至到了溺愛的程度。除了傑佛瑞這個養子外，朵特還有一個女兒。雖然傑佛瑞並不是朵特的親生兒子，但在兩個孩子的教養上，朵特卻表現得一視同仁。

傑佛瑞在出生後不久就被親生母親拋棄在一所育幼院門前，他對自己的親生父母毫無印象。可憐的傑佛瑞在 8 個月大的時候，遇到了一對善良的夫婦，即蘭德雷根夫婦，他們願意收養傑佛瑞。這意味著，傑佛瑞將來會在一個健康、幸福的家庭中長大。

隨著傑佛瑞一天天長大，朵特開始發現她的兒子是個天生的麻煩精。傑佛瑞的脾氣非常暴躁，而且他似乎很難控制住自己的暴脾氣，常常因為情緒失控而闖禍。到了傑佛瑞 10

歲左右時，朵特發現她根本管不住這個孩子了。傑佛瑞小小年紀便開始喝酒，喝醉了就到處鬧事。

有一次，傑佛瑞居然私闖民宅，在別人家裡到處亂翻，甚至還企圖撬開保險櫃。不久後，傑佛瑞就被送進了警察局。由於傑佛瑞年紀尚輕，再加上是初犯，警察教育了他一番後，他就被父母領回了家。

這次的遭遇並沒有讓傑佛瑞有所收斂，他反而變得更加倡狂。去學校上課對傑佛瑞來說十分困難，他頻繁地蹺課。後來，傑佛瑞還沾染上了毒品。

為了買毒品，傑佛瑞開始偷車。傑佛瑞並不是一個懂得反偵查技術的熟練犯罪分子，他的犯罪行為基本上都是隨心所欲，為此他總是被警察拘留。不過由於罪行較輕，傑佛瑞很快就會重新獲得自由。

一次次的拘留，並未阻止傑佛瑞的越軌行為，他彷佛天生就是來犯罪的，總是到處找別人的麻煩。傑佛瑞有個朋友叫做格雷格·布朗（Greg Brown），兩人的關係非常要好，格雷格還曾表示希望傑佛瑞能擔任他即將出世的兒子的教父。但在一次喝酒中，兩人卻意外發生了爭吵，最後傑佛瑞拿出一把匕首，刺向了格雷格的心臟部位。這次的犯罪行為相當嚴重，傑佛瑞因此被起訴，最後因為二級謀殺被關進了監獄。

按照法庭判決，傑佛瑞接下來的20年人生都將在監獄裡度過。但一次意外發生了，不安分的傑佛瑞在被關押了7年後選擇了越獄，而且，他居然成功了。

獲得自由後，傑佛瑞便開始在街頭遊蕩。如果那7年的監獄生活真的讓傑佛瑞改過自新了，那麼他完全可以過上正常的生活。但顯然傑佛瑞並沒有學會控制自己，他再一次和他人發生了爭執，並採用了殺人的方式來洩憤。這一次，傑佛瑞並未一刀致命，而是將被害者用電線纏住，然後慢慢地用刀子在被害者身上製造傷口。當被害者被人發現的時候，他的身體布滿了讓人觸目驚心的傷口。在殺死被害者後，傑佛瑞還故意把兩張小丑牌扔到被害者的身上，似乎在嘲笑被害者。但顯然，傑佛瑞並不是一個具有很強反偵查意識的罪犯，警方在案發現場找到了傑佛瑞的指紋。很快，傑佛瑞就被警察抓住了。這一次，傑佛瑞被判處死刑。

在等待執行死刑的時候，傑佛瑞在監獄裡認識了一個人。這個犯人覺得傑佛瑞非常面熟，很像他曾經遇到的一個死刑犯。不過他萬萬沒有想到，傑佛瑞和那個死刑犯的關係居然是親生父子，當然只是生理學上的父子關係，兩個人從未見過面。

傑佛瑞的生父是達雷爾·希爾（Darrel Hill）。達雷爾與傑佛瑞雖然素未謀面，但卻有著驚人相似的人生軌跡。達雷爾和傑佛瑞一樣，好像天生就是來犯罪的，早早地就開始從事違法犯罪活動，同時還有毒癮，也曾因殺人而入獄。最令人吃驚的是，達雷爾也有過越獄的行為。此外，達雷爾與傑佛瑞的長相也十分相似。

這種驚人的相似性讓人不得不聯想到基因和遺傳。不過最令人吃驚的事情還在後面，達雷爾的父親，即傑佛瑞的祖父老希爾也是個慣犯。老希爾死在了警察的槍口下，當時他因為搶劫而被警方追捕，最後被擊斃。

這個案例似乎告訴我們，犯罪行為不僅僅是後天環境所造成的，還與人的基因密切相關。有些人似乎從一出生開始就攜帶著犯罪基因，也就是我們通常所說的「天生犯罪人」。老希爾和達雷爾成長的環境很糟糕。一個人如果從小生活在一個貧困且犯罪行為叢生的環境裡，那麼他長大後犯罪的機率將會大大增加。這種觀點被許多人所接受，是一種十分常見的對犯罪行為追根溯源的解釋。但傑佛瑞的案例顯然證明了這種觀點並不準確，他從小生活在一個富足、健康的家庭環境中，按理說他應該成長為一個遵紀守法的公民，但他卻走上了和生父、祖父一樣的犯罪道路。這似乎在說明，一個人是否會犯罪，在一定程度上取決於他的基因。

人是群居動物，於是便出現了人類社會。人類社會是一個整體，而這個整體是由許許多多的個體所組成的。身為群居動物，我們每一個個體會受到群體的保護，以免遭外敵的傷害，但同時我們每個人必須遵守這個群體的規則，這樣人類社會才能有序地發展下去。絕大多數人都會選擇遵守規則，不會輕易向規則挑戰，不然就一定會付出代價。但總有一些人會觸犯規則，這些人通常都是犯罪分子，他們會被關進監獄，甚至接受法律的制裁被處死。

對於研究犯罪行為的專家來說，許多人都認為犯罪行為與遺傳基因並沒有必然連繫，也就是說根本沒有所謂的「天生犯罪人」。許多專家都認為環境因素才是導致犯罪的根源所在。

與其他動物不同，人具有很強的可塑性。這種可塑性主要展現在大腦的發育上，人在出生後很長一段時間內，他的大腦會繼續發育。這意味著人從出生開始，就被周遭的環境所影響。如果一個人的早年生活十分貧困且充滿了暴力，那麼他就會變得非常容易憤怒和衝動。

不過我們同時也會發現，在相同環境下長大的孩子卻有著不同的性格。這說明，環境並不具備決定性的作用。就好像上述案例中，朵特有一對兒女，這兩個孩子在相同的家庭環境下長大，但傑佛瑞卻走上了犯罪的道路。

在一項研究中，研究者找到了好幾個被收養長大的孩子。這些孩子都有一個共同的特點，即親生父親有犯罪紀錄，但養父母卻身家清白。研究者想知道，當這些孩子長大後，他們的人生軌跡是與親生父親更接近，還是與養父母更接近？研究的結果證明，養育環境在基因面前敗下陣來。這些孩子在長大後，走上犯罪道路的可能性很大。相反，如果親生父母身家清白，被遺棄的孩子長大後一般不會走上犯罪的道路。

在 1980 年代末 1990 年代初，一群荷蘭女性發現，她們家族中的男性很容易走上犯罪道路，這些男性不僅有學習障礙，還有很強的攻擊性，不少男性會成為縱火犯、強姦犯或殺人犯。

遺傳學家韓 · 布魯納（Han Brunner）對這種現象很感興趣，便開始著手研究。1993 年，布魯納公布了研究結果，這個家族遺傳性的犯罪行為，與一個基因的變異有著密切的關聯。這個變異的基因位於 X 染色體上，他還為這個變異基因取了一個代號，即 MAOA。這個研究結果在當時引起了不小的轟動，這說明人類的攻擊行為與基因有著密切的關係。有些家族的男性之所以一直延續犯罪行為，就與 MAOA 有關。後來，記者安 · 吉布森（Ann Gibbons）將這種基因稱為「戰士基因」。隨著研究的深入，佛羅里達州立大學的凱文 · 比佛（Kevin Beaver）將 MAOA 進行了細分，即 MAOA-L 和 MAOA-H。其中，MAOA-L 不怎麼活躍，呈現出惰性的特質；而 MAOA-H 則比較活躍。

擁有 MAOA-L 基因的人，很容易出現焦慮、賭博、吸菸、酗酒、注意力薄弱、厭食等行為，很容易出現攻擊行為，特別是擁有此種基因的男性更容易出現犯罪行為，很可能成為犯罪集團的一分子，還喜歡攜帶武器。

擁有 MAOA-H 基因的人，則更愛冒風險，容易從事高風險的經濟行為。由此看來，擁有戰士基因的人就是所謂的天生犯罪人。那麼這是不是意味著，天生犯罪人生下來就注定會犯罪，應該從一出生就被關進監獄裡？當然不。例如《天生變態》（*The Psychopath Inside*）的作者詹姆斯·法隆（James Fallon）就是一個擁有戰士基因的人，他也是犯罪家族的一分子，祖上的專長就是暴力犯罪。但法隆卻並未成為一個犯罪人，他是一位著名的神經科學家，有著美滿的家庭和事業。在這本書中，法隆提到了後天教養的重要性，他認為像他這樣的天生犯罪人之所以沒有走上違法犯罪的道路，與父母所提供的成長環境有著十分密切的關係，他從小生活在一個健康、幸福的家庭中。

那麼為什麼傑佛瑞會走上和法隆完全不同的人生道路呢？除了傑佛瑞外，還有許多像傑佛瑞一樣的人，其生父是犯罪分子，雖然他們被正常的家庭收養，但依舊走上了和生父一樣的犯罪道路，應該如何解釋這種現象呢？真的是基因在起作用嗎？可能有基因的影響，但並不完全是。因為許多人忽略了產前環境的影響，即這些天生犯罪人在母親子宮裡所受到的影響。

通常情況下，一個胎兒必須在母親子宮裡待上 9 個月才能呱呱落地。這是所有人最舒適的一段時光，儘管這個時候還沒有記憶，因為母親的子宮為胎兒提供了一個安全、舒適的環境。但是，對於所有人來說都是如此嗎？

如果遇到不負責的母親呢？通常來說，天生犯罪人的父母都有犯罪經歷。這意味著他們的母親在懷孕期間，不僅很難保持健康的飲食習慣，甚至還存在抽菸、喝酒和吸毒的行為，這些都會嚴重影響胎兒的發育，尤其是胎兒大腦的發育。因此，在這些天生犯罪人出生後，即使他們被正常的家庭收養，他們的大腦已經與正常的嬰兒不同了。雖然每個人在母親子宮裡只待 9 個月，但這 9 個月的影響卻是巨大且深遠的，尤其是大腦生理上的損害，是無法透過後天的努力來彌補的。

總之，基因與環境在犯罪行為中產生的作用是非常複雜的，不能簡單地說犯罪行為是基因決定的，還是環境決定的。準確地說，犯罪行為是這兩者交互作用的產物。

失控的大腦
—— 酒精、毒品與犯罪

2016年4月16日，中國山東省濰坊市的一名市民在寒亭區的一條河裡發現了人類屍體的碎塊，於是便立刻報警。警方馬上展開偵查，經過一番努力後，認定這是一起母女被殺案。隨著河裡所發現的人體屍塊越來越多，當地居民開始人心惶惶。因此，這起性質惡劣的謀殺案引起了省、市、區三級公安機關的高度重視，還成立了「4·16」專案組。

專案組為了能盡快破案，開始了大範圍的排查工作。根據發現屍體的地點，專案組確定了19個村莊，認為嫌疑人應該就在其中。在排查工作進行過程中，專案組的其他成員還調取了屍體發現地周圍的監控影像，以尋找可疑人員和車輛。當然，驗屍的工作也是必不可少的。此外，專案組還向全國發布了「協查通報」和通緝令，並利用微信、微博等網路媒體來尋找可疑人員。如果有人能向警方提供有價值的線索，那麼將會得到現金獎勵。其中，提供受害者身分的獎勵人民幣5萬元，提供與犯罪嫌疑人相關的重要線索的將會獲得10萬元的獎勵。

5 月 21 日，警方終於確定了死者的身分。死者是一對母女，母親 44 歲，女兒 17 歲。很快，犯罪嫌疑人的身分也被鎖定，是一名 48 歲的中年男子王某。雖然屍體的碎塊是在濰坊市發現的，但犯罪嫌疑人卻已經逃到了陝西省渭南市。5 月 23 日的凌晨時分，專案組的警察在一間出租屋內抓住了王某。

王某與年齡較大的死者是情人的關係，兩人在 2015 年開始同居，以合夥包攬建築零活為生。到了次年 3 月分，王某與死者之間的關係開始惡化，兩人經常發生矛盾和爭吵，於是就選擇了分居。4 月 5 日晚上，王某喝了不少酒，醉醺醺地去找死者母女，並與其發生了爭吵。這場爭吵毫無意外地演變成了打鬥，最終王某殺死了這對母女。在稍微清醒後，王某就開始思索怎麼處理屍體。他將兩名死者的屍體進行了肢解，然後選擇晚上到人煙稀少的地方，將死者的屍塊和衣物都拋到河裡。為了躲避警察的追查，王某開始了逃亡，先是在山東省的其他城市逗留，後來又覺得不安全，就逃到了陝西省渭南市等地。

這是一起酗酒後衝動犯罪的典型案例。酒在我們的日常生活中十分常見，只要有錢，就可以買到。但酒裡面所含的酒精卻是一種藥物，能對人的生理和心理產生影響。雖然酒精從藥理上來講，是一種鎮靜劑，卻可以使人產生興奮的感覺，醉酒狀態下的人也會變得更加衝動。

在不同的文化中，酒這種東西都是社交的潤滑劑，有利於人們進行人際交往，還能夠使人變得快樂起來。但如果過度飲酒，卻容易出現各種越軌行為。其中，酒後駕駛是比較常見的一種越軌行為，會給自己和他人的人身安全帶來嚴重的危險。每年因為酒駕而喪生的人不在少數。

不少人在醉酒時還會出現各種不檢點的行為。例如：有些人會在醉酒時冒犯警察。2015 年的某天，新疆一名男子因酒駕被查，結果他做出了強吻交警並大喊「我愛你們」的令人大跌眼鏡的行為。

酗酒還有一個更為嚴重的後果，即暴力行為。不少人會在醉酒狀態下參與打架鬥毆，有些人甚至會暴力殺人。一項實驗研究發現，在日常生活中好鬥的人，常常會在醉酒狀態下變得更加具有攻擊性。

除了酒精外，毒品也會使人出現犯罪行為。2012 年 5 月分，美國邁阿密的警方接到了報警電話，一名男子魯迪·尤金（Rudy Eugene）在一條車流密集的高速公路上做出了十分瘋狂的舉動，他攻擊了一名流浪漢，並開始啃噬這名流浪漢的臉部皮肉，當警方將其擊斃時，那名流浪漢的臉已經變得血肉模糊，臉上將近 80%的皮肉都被這名男子啃掉了。該男子為什麼會出現這種瘋狂的行為呢？他是精神病患者嗎？實際上，他是個很正常的人，之所以會出現這種異常的行為，是因為他吸食了一種被稱為「喵喵」(MCAT) 的毒品。

「喵喵」是一種比較廉價的毒品，同時也是一種合成藥物，含有不斷變化的化學物質，學名為甲卡西酮（Methcathinone)。「喵喵」之所以很便宜，是因為它的製作過程十分簡單，理論上一名理工出身學過化工的學生就可以很輕鬆地製作出「喵喵」。

「喵喵」是一種興奮劑，可以輕易地使人的中樞神經系統興奮起來，還會使人大腦中的多巴胺和去甲腎上腺素水準得以提高。凡是吸食「喵喵」的人，他的精神狀態都會改變，會出現狂躁、妄想和暴力等行為。「喵喵」會使人變得極其興奮，作用是古柯鹼的 13 倍。

「喵喵」雖然廉價，但所產生的作用卻十分恐怖。當一個人所吸食的「喵喵」達到一定劑量後，除了會出現心率劇增、瞳孔擴散等症狀外，還會行為失控，沉迷於暴力行為，有時會攻擊他人，有時會出現自殘行為。這種因「喵喵」所引發的暴力行為，在正常人眼中十分恐怖。因為當一名吸食「喵喵」的人攻擊他人時，會採取類似野獸的方式，直接啃咬對方，就好像電影中的喪屍一樣，因此「喵喵」還被稱為「喪屍劑」。吸食者的自殘行為尤為恐怖，有些人甚至會割開自己的脖子，然後會在死亡前行走或跳躍。這是因為吸食者已經完全陷入了自己的幻想之中，其知覺能力在「喵喵」的作用下已經大大削弱。此外，吸食者還會出現短期記憶的消失。

最關鍵的是，在「喵喵」的作用下，他的力量會大大增加，整個人變得極其瘋狂，完全失去控制。2011 年，在美國的佛羅里達州曾出現過多起因為吸食「喵喵」而引發的暴力事件。警方在處理此類事件時，往往會採取擊斃的極端方式，因為想要制服一名「喵喵」吸食者，必須得有至少 4 個人的合力。

「喵喵」的吸食者想要恢復正常狀態，必須得藉助麻醉劑，就連鎮靜劑都無法使其安靜下來。即使恢復了正常，「喵喵」對其所產生的生理和心理上的影響也會長達數月，才能漸漸消退。

毒品的種類有很多，除了「喵喵」外，常見的主要有搖頭丸、大麻、迷幻劑和阿片類毒品，其中阿片毒品包括鴉片、嗎啡、海洛因等，這些都是從罌粟中提取出來的。除了這些阿片類毒品之外，還有十分常見的合成阿片類藥物，例如美沙酮。在這些常見的毒品種類中，迷幻劑和大麻是備受爭議的。

在國際上，會把毒品分為兩大類，即軟毒品和硬毒品。軟毒品具有一定的迷幻作用，會使人產生依賴，但依賴性較低，其中迷幻劑和大麻是典型的軟毒品，在戒斷時比硬毒品容易。在有些國家，迷幻劑和大麻是合法的。例如在荷蘭，大麻就是一種合法的藥物。

雖然軟毒品的成癮性較低，但如果長期吸食，依舊會出現強烈的成癮性，一旦戒斷，就會出現煩躁、焦慮等各種不良的體驗。此外，軟毒品和硬毒品一樣都會損傷大腦，使人的記憶力、注意力和學習能力降低，引起大腦功能的紊亂。這種危害對於年齡較小的吸食者來說會更大。青少年染上毒品後，大腦發育會受到嚴重的阻礙。青春期是一個發育的高峰期，除了第二性徵外，腦部的發育也很重要，其中影響一個人的自制力的前額葉皮質就是在這個時期發育並成熟的。此外，精神病研究專家認為，一個人越早染上毒品，他患上精神病的風險就會越高。

性格決定犯罪
—— 人格與犯罪

1988 年 5 月 26 日，中國甘肅省白銀市發生了一起命案，死者是一名年輕的女性，名叫白某，遇害地點是死者家中。白某是當地一家公司的職員，就住在公司安排的員工宿舍裡。案發現場顯得十分混亂，櫃子裡的東西有被人翻動的跡象，不過並未發現財物丟失。白某的頸部被凶手切開，身上還有許多刀傷，上衣被推至雙乳之上，下身赤裸。但屍檢結果顯示，白某有被猥褻的跡象，但並未遭受性侵。警方認為，凶手可能想實施性侵，但礙於作案地點人流量較大，便只能放棄。

白某可能永遠也想不到自己會在家中遇害，這裡是她最熟悉的場所，也是她覺得最安全的地方，而且她的哥哥和媽媽就住在離她不遠的一間房裡。案發時，正是午休的時候，也是人流量較小且十分安靜的時候，如果白某能及時呼救，她的哥哥和媽媽一定會趕來營救，但凶手根本沒給白某求救的機會，就切斷了她的聲帶。

警方還發現，凶手還特意清理了現場，地上雖然有凶手的足跡，但很模糊。案發現場的地上還有一個痰盂，裡面是血水，凶手在離開前將暖瓶裡的水倒進痰盂洗了洗手。此外，地面上還扔著一件紅色的衣服，那是白某準備洗的衣服。不過，凶手卻在白某的屍體上留下了線索，白某的左腿內側有一個血手印，這是凶手的右手，其中食指的指紋尤其清晰。

誰也沒有想到，這起命案只是一系列連環殺人案的開始，在此後的 14 年間，當地相繼有 11 名女性被神祕的凶手殺害，這在白銀市引起了不小的恐慌。對於年輕女性來說，這個殺人魔就是個噩夢，她們不敢獨自出門，也不敢穿漂亮的衣服，尤其是紅色的衣服，因為據說凶手偏愛找穿紅色衣服的年輕女性下手 [001]。

在多起命案中，警方找到了一些相似性。所有被害者都是女性，年齡主要集中在 25 歲到 30 歲之間，而且都是年輕漂亮的女性。被害者的屍體也都呈現出某些共同點：頸部被刀切開、全身多處刀傷、雙乳裸露、下身赤裸。有些被害者屍體甚至是殘缺的，凶手有時會切掉並拿走被害者的雙乳、雙手或陰部。

不過也有一個例外，凶手還殺死了一名 8 歲的女孩，這名女孩的乳名叫苗苗。

[001] 後經警方證實此說法並沒有依據。

1998年7月30日下午5點多，苗苗的媽媽下班回家，但並未發現苗苗，她以為苗苗出去玩了，於是就開始做飯。

做好飯後，苗苗的媽媽意外發現大衣櫃被人打開了一條縫。她並沒有多想，只覺得這是苗苗喜歡玩的遊戲，就上前打開櫃子。結果，她發現櫃子裡面很亂，而苗苗則窩在衣服裡，於是她將衣服抱了出來，然後再去抱苗苗，此時她才覺得不對勁，苗苗毫無反應，而且身體已經冰涼。

苗苗的頸部有一條勒痕，應該是被凶手用皮帶勒死的。最讓人心驚的是，苗苗的下半身赤裸，陰部被撕裂，明顯遭受了性侵，而且法醫還從苗苗的體內提取到了精子。

在案發現場，桌子上還有一杯水，杯子上留有指紋。這杯水到底是誰倒的，沒有人知道，可能是苗苗倒的，也可能是凶手倒的，從而偽裝成是熟人作案。

這起女童姦殺案在當地引起了不小的轟動，警方出動了大量警力，公安局主管也都出現在案發現場。雖然四周已經拉起了警戒線，但現場還是圍了不少職工和家屬，希望了解案情的進展。

在1998年這一年，凶手作案越來越頻繁，僅僅這一年，白銀市就發生了4起命案。白銀市的市民都生活在恐懼之中，為了避免悲劇再次發生，白銀市加大警力進行巡邏。除了警察外，武警和治安人員，甚至連社區大媽也加入到巡邏的隊伍之中。巡邏隊伍按照三班制的輪班方式，對白銀市的各個街道進行 24 小時的巡邏。

在之後的兩年內，凶手並未作案。但在2000年11月分，白銀市的寧靜再次被打破，一名 28 歲的女性在家中遇害，她的頸部被切開，雙手被凶手切掉帶走，褲子被推至膝蓋下。

之後的 2001 年和 2002 年分別發生了一起命案，而發生在 2002 年的最後一起命案的地點是賓館，這與凶手喜歡選擇在被害者家中作案不一樣。凶手之所以會選擇在賓館作案，與警方的 24 小時巡邏有很大的關係。

凶手應該是個很有耐心的人，因為除了最後一名被害者，其他被害者都死在了自己家中。房間並未留下撬開的痕跡，凶手應該是直接從正門進入房間的。這說明凶手在作案前，已經對被害者進行了踩點、蹲守和尾隨。最關鍵的是，所有在家中遇害的被害者居住的房子都有一個共同的特點，即沒有自來水和廁所。被害者想要用水或如廁，就必須出門到公共水房和公共廁所，這給了凶手可乘之機。

2002 年，在當地警方進行排查工作的時候，突然發現了一起未遂的案件，這名女性是所有被凶手盯上的女性中唯一的倖存者。

這位倖存者是一個工人，在 2001 年的春節期間，這名女工在下夜班後準備回家。途中，該女工發現有一個男人在跟蹤她，隨即提高了警惕，匆匆往家中趕去，在她準備開門進去的時候，這名男人緊跟著就準備進屋。此時，該女工立刻覺得眼前的這名男子就是傳說中的殺人魔，她趁對方還沒反應過來就將他推了出去，然後將房門緊緊鎖住。

但那名男子並未馬上離開。此時該女工十分害怕，在她心緒稍稍平靜時，突然在窗口處發現了那名男子，他正朝著她笑，這讓女工更加害怕，她立刻打電話跟丈夫求救。女工的丈夫很快就回來了。

男子依舊沒有離開，在丈夫進門後，他還是在窗前來回徘徊。這對夫妻感到越來越恐懼，便撥打了報警電話。警察立刻趕來，但那名男子已經離開了。途中，警察遇到了一個可疑的男人，但當時並未在意。等到達報警人的家中，聽報警人描述完此人的外貌特徵後，警察才突然想起了那個與他們擦肩而過的男人，並覺得那個男人就是犯罪嫌疑人。

第二天，警察便在附近尋找犯罪嫌疑人，但找了一天多的時間，都未發現此人的蹤影。這讓警察更加懷疑，於是警方便增加警力進行排查，但依舊毫無線索，那個人就好像人間蒸發了一樣。

隨著時間的推移，警方掌握了一項高科技刑偵技術，即 DNA 檢測。透過檢測和比對，警方發現城河村的高氏家族有重大作案嫌疑。為了確定犯罪嫌疑人，警方便開始對高氏家族的每一個成員進行指紋錄入和 DNA 比對。在提取工作進行的時候，一個名叫高承勇的中年男子表現得非常慌張。事實上，此人便是讓整個白銀市惶惶不安的殺人狂魔。最終，指紋和 DNA 比對的結果證實高承勇就是凶手。至此，塵封了十幾年之久的連環殺人案終於告破。

高承勇所選擇的作案地點都是白銀市，但他本人卻是清河鎮人。雖然清河鎮和白銀市相距很近，但從行政歸屬上來講卻屬於兩個不同的地級市。高承勇每次作案後，都會回到清河鎮。而警方在進行排查工作時，主要以白銀市的居住人口為主。這是高承勇得以逍遙法外的重要原因之一。

高承勇是個十分普通的農民，看起來很老實，很難讓人將他與殺人狂魔連繫起來。認識高承勇的人，也都不相信他就是殺人狂魔。高承勇有一個美滿的家庭，他的兩個兒子也很爭氣，尤其是大兒子，成績一直非常優異。了解高承勇的人，都覺得他是個務農的好手，力氣很大，沒有什麼興趣愛好，只喜歡跳舞，是舞廳的常客。高承勇還曾參與過賭博，最多一次輸過一萬多。但高承勇卻從來不賒欠賭債，在賭博的時候，對手很難從他的面部表情上看到異常的變化。

高承勇的妻子是個非常普通的中年婦女，對丈夫殺人的事情一無所知。據說，當年她嫁給高承勇之前，曾遭到了父親的反對，但她就是看上了高承勇的老實本分，執意嫁給高承勇。

在高家，高承勇排行是最小的，他的母親很早就去世了。在高承勇結婚後不久，他癱瘓在床的父親突然離世。由於高承勇不善言辭，家產都被大哥分走。在兩個兒子相繼出生後，高承勇常常會到外地工作，夫妻兩人一直都是聚少離多。其實在這期間，高承勇一直在不停地殺人。尤其是當高承勇與妻子爭吵後，他殺人的衝動就會愈發強烈。

只要有空閒的時間，高承勇就會騎著腳踏車來到白銀市，然後再到街巷間四處尋找獨自一人的年輕女性。高承勇在下手前，都會在公共廁所附近觀察，然後再尾隨被害者回屋。進入房間後，高承勇會迅速地用刀切開對方的脖子，隨後對被害者實施性侵。有時，高承勇會切割掉被害者身體的某一部位，在把玩一番後，隨手丟到黃河裡。

一個人為什麼會變成殺人狂魔？一個看起來普通老實的人為什麼會殘忍地殺害那麼多年輕的女性，甚至連 8 歲的小女孩都不放過？犯罪心理專家認為，這與人的個性和人格密切相關。

人格是心理學上一個重要的研究課題，與一個人的思想、情感和行為模式密切相關。人格具有一定的一致性和連續性，俗話說「江山易改本性難移」，其實就是在說我們每一個人的人格通常都不會輕易改變。除了上述兩種特性外，人格還具有一定的可塑性。也就是說，一個人的人格並不是一成不變的，會隨著外界環境的改變而變化。例如：當一個人遭遇人生中的重大事件後，其性格特點可能會有所改變。

影響一個人人格形成和發展的因素主要有兩個。第一個便是與生俱來的氣質。這種氣質是心理學上的概念，並無好壞之分。氣質這個概念是由古羅馬醫學家加倫（Claudius Galenus）提出的，主要分為四種，即多血質、黏液質、膽汁質和憂鬱質。第二個因素便是外界的影響。如果一個人是在被忽視、虐待或放縱的環境中長大，那麼他的人格極易朝著不正常的方向發展。

我們在形容一個人的人格特點時，都會使用類似樂觀、消極等詞語。那麼什麼樣的人格特點更容易走上犯罪道路呢？犯罪專家認為如果一個人具有衝動、攻擊性等人格特點，那麼就很容易出現犯罪行為。此外，如果一個人具有反社會人格障礙，也很容易出現犯罪行為。

養出來的惡魔
—— 後天教養與犯罪

卡爾頓·蓋瑞（Carlton Gary）是一個連環殺手，專找年長的女性下手，作案時常常會毆打和性侵被害者，最後用絲襪勒住被害者的脖子讓其窒息而死。除了殺人外，卡爾頓私下裡還從事著毒品交易和拉皮條等非法活動。

但在卡爾頓被捕之前，誰也不會想到他居然是一個可怕的連環殺手。卡爾頓有著不錯的外形，在電視臺有一份收入頗豐的工作，他還有一個年輕漂亮的女朋友。此外，卡爾頓還是個很孝順的人，一有空閒就會去照顧自己的阿姨。

最終，卡爾頓還是被抓住了，並被關進監獄。但卡爾頓似乎並不認命，一直在找機會越獄。終於他成功了，不過在從高牆上跳下來的時候不小心弄傷了腳踝。卡爾頓便裝作一個普通人到一家診所治療。像卡爾頓這樣危險的犯人，警方是不可能放任他在監獄外遊蕩的，於是很快卡爾頓便再次被抓住。不過卡爾頓的腦子很靈活，他的智商很高，再一次成功越獄。警方想盡辦法終於又將卡爾頓送進了監獄。

像卡爾頓這樣的人，他完全可以避免犯罪，過上自己想要的生活，但為什麼他會成為一名連環殺手呢？這與他早年的生活經歷是分不開的。

卡爾頓有一對不負責的父母。從出生起，一直到 12 歲，卡爾頓從未與父親見過面，顯然他的父親並不想承擔養育卡爾頓的責任。那麼卡爾頓的母親呢？同樣不想負責，在卡爾頓出生後，他的母親就不止一次地想要遺棄他。

因此，卡爾頓從小就像一個皮球，被親戚們踢來踢去，不停地在親戚和母親的熟人家輪流居住。這樣的成長環境根本無法讓卡爾頓擁有安全感，最糟糕的是卡爾頓還經常餓肚子。或許正是因為對母親的憎恨，才導致他長大後總是找年長的女性下手。

每一個人都有不同的心理歷程。犯罪專家在研究連環殺手時，通常傾向於從殺手的童年經歷入手，並且認為殺手的童年都是不幸的，因為殺手不可能在一朝一夕之間成為殺人魔鬼。

童年時期的創傷主要有兩種，一種是肉體上的，一些人會在童年時遭受虐待。另一種則是心理上的創傷，這種創傷同樣是致命的。對於一個人來說，一個完整的幸福家庭非常重要，他會從父母那裡獲得愛和被愛的能力。與同齡人的相處也十分重要，尤其是對於青春期的孩子來說。

當然也不是所有在早年遭遇創傷的人都會走上犯罪的道路，但家庭的因素的確發揮著巨大的作用。研究顯示，如果一個人無法在一個安全穩定的教養環境下長大，那麼他將來犯罪的可能性將會達到 20%。更糟糕的是，如果此人的生理尤其是大腦方面再出現某些異常，哪怕這種異常非常細微，那麼此人走向犯罪的可能性將會達到 70%。也就是說生理的異常再加上糟糕的後天教養環境，會使一個人的犯罪傾向大大增加。

威斯康辛大學的著名心理學家哈利·哈洛（Harry F. Harlow）曾經進行過一項著名的恆河猴實驗。實驗結果說明了母親對一個人成長的重要性，在一個人成長的過程中，除了食物外，母愛也十分重要。

最初，哈洛研究的主要內容是猴子的智商。但在實驗開始後不久，哈洛就發現了一個有趣的現象。那些被他飼養在籠子裡並與母親和同類早早就隔離開的幼猴，對地板上的絨布有著極強的依戀心理。幼猴不僅會躺在絨布上，還會緊緊地抓住絨布。實驗人員為幼猴清理籠子時，如果將絨布拿走，幼猴就會表現出極強的攻擊性。

按照當時的心理學觀點，這種現象是無法解釋的。因為當時的許多心理學專家都認為人的需求是逐漸增加的，只有在滿足了飢渴這樣的生理需求後，我們才會產生愛等更高的需求。既然如此，那麼幼猴為什麼會那麼依戀絨布呢？哈洛對這種現象很有興趣，便設計了一項新的實驗。

哈洛製作了兩個不同的「母猴」，代替真正的母猴餵養幼猴，也被稱為「代母」。其中一個代母是由鐵絲製成的，胸前有一個可以提供奶水的裝置；另一個代母是絨布製成的，十分柔軟，但卻不能提供奶水。

當哈洛將幼猴和這兩個代母關在同一個籠子裡後，神奇的一幕發生了。幼猴們會整天與絨布代母待在一起，只有在感到飢餓時才會到鐵絲代母那裡喝奶，隨後便很快回到絨布代母身邊，並緊緊地擁抱它。

在另一項實驗中，哈洛將一部分幼猴與絨布代母隔離開，然後讓兩組猴子聽一種奇怪的聲音，還往牠們的籠子裡放入了一個巨大的玩具。面對同一種情景，兩組猴子分別有不同的表現。

和絨布代母待在一起的幼猴，會立刻緊緊地抓住絨布代母，然後趴在它的身上，慢慢地幼猴的情緒就會漸漸平復，因為牠從絨布代母那裡獲得了安全感。相反，另一組的幼猴卻十分痛苦，好像癱在地上一樣，不停地抓撓和撞擊自己，還伴隨著淒厲的尖叫。

在另一項實驗中，哈洛將幼猴分成了兩組。這兩組幼猴的成長環境十分相似，都有充足的奶水和乾淨的環境。但其中一組幼猴能接觸到媽媽，會體驗到呵護感和撫摸感，另一組的幼猴則沒有這種機會。結果，兩組幼猴分別出現了不同的行為表現。對於沒有母愛的幼猴而言，這段早年的成長經歷給牠們帶來了長期的傷害，直接影響到牠們與其他猴子之間的正常社會交往。

演化心理學告訴我們，在人類還在荒野中求生存時，形成了各式各樣的需求，這些需求可以幫助我們生存下去並不斷繁衍。如今，人類的生活環境已經大大改變，但這種需求卻並未改變，仍然會影響我們的主觀感受，比如母愛。在早期人類社會，如果一個嬰兒離開了母親，那麼他生存的機率將會大大降低。嬰兒只有依靠母親才能生存下去，於是衍生出了母愛。這種母愛是相互的，既有母親對嬰兒的關心和照料，也有嬰兒對母親的依戀。於是母愛便成了一種不可或缺的心理需求。如今的社會，即使一個嬰兒離開了母親，依舊能磕磕絆絆地長大，但是在成長的過程中卻因為沒有得到母愛，其心理有可能會發生一定的扭曲，造成人格的病態。有些人甚至會成為連環殺手一樣的惡魔。

第二章

無法承受之重——暴力犯罪

打！打！打劫！
—— 搶劫犯罪

2004 年 4 月 22 日中午 12 點左右，中國重慶市某飯店的出納和會計到一家銀行取款，很不幸這兩名女性被歹徒盯上了，一名持槍歹徒脅迫兩人交出現金人民幣 17 萬元，然後逃之夭夭。這起搶劫案件十分惡劣，除了財產損失外，歹徒開槍打死一名女性，打傷一名女性。

一年後，重慶市再次發生了一起類似的搶劫案。一對夫婦在取錢的時候被一名持槍歹徒盯上了，夫婦兩人被當場打死，取出的現金也被歹徒搶走。由於槍聲驚動了一位過路男子，歹徒便向該男子射擊，所幸該男子只是受了槍傷，並無性命之憂。之後的幾年內，重慶市都未再出現過類似的搶劫案。

2012 年 8 月 10 日上午 9 點 34 分，重慶市再次發生了一起搶劫殺人案。在一家中國銀行儲蓄所門前，歹徒開槍打死 1 人，打傷 2 人，搶走了被害者的包包，然後匆匆逃離案發現場。被歹徒打傷的 2 人很快被送進醫院搶救，其中一名重傷者在8月16日凌晨被確診為腦死亡，到了22日中午出現了多器官衰竭的現象，最終因為搶救無效而死亡。

在歹徒逃跑的過程中，警方一直在全力進行抓捕。在案發當天的下午3點左右，有人在一片草叢中發現了一名警察的屍體，這名警察身中3槍而亡。經過當地警方的努力，犯罪嫌疑人的身分終於確認了，他的名字叫周克華，是重慶人，雖會說普通話，但帶著重慶口音。

其實，周克華曾經在雲南省宣威市火車站因攜帶槍支被捕。當時，周克華正在候車室等待著從昆明開往重慶的火車，在火車快要進站時，當地警方正好對旅客隨身攜帶的物品進行檢查，結果發現周克華的右側腰上別著一把槍。周克華立刻被帶走了，這個過程中周克華表現得很配合，沒有逃跑，也沒有襲擊警察。最終，周克華因為非法運輸槍支被定罪，並被判處有期徒刑3年。2008年4月，周克華出獄。

在出獄後差不多一年時，周克華便製造了一起槍擊案。他攜槍襲擊了成都軍區駐渝部隊十七團營房門口的站崗士兵，這名站崗士兵只有18歲，被周克華一槍打死。隨後趕來查看的哨兵也被周克華打了一槍。接下來，周克華便逃走了。當時警方並未將這起槍擊案與之前的幾起搶劫案連繫起來，只是將該案件定性為恐怖襲擊，就連特種兵也參與到了追捕恐怖分子的行動中，在重慶市展開了地毯式的搜查。

之後的幾年內，周克華便不再在重慶市作案，而是把作案地點轉移到了湖南長沙，他在長沙製造了多起搶劫殺人案。2012 年 1 月 6 日，周克華出現在江蘇省南京市的一家農業銀行，並尾隨著一名男性，該男性是某公司的職員，來銀行是為了提款。周克華在開槍打死該男子後，搶走了他取出來的 19.99 萬元現金。

在 2012 年 8 月 10 日的重慶搶劫案發生後不久，當地警方便發出了通緝令和懸賞令。不久後，警方接到了一名重要目擊證人所提供的線索，這是一位摩的 [002] 司機，名叫羅大軍，他曾在案發地載過一名可疑的男子。

當時，羅大軍正和朋友聊天，一名男子跑來問他到新橋多少錢，羅大軍隨口說 5 元。羅大軍注意到該男子拎著一個看起來很重的黑色袋子，臉色有些發白，神情也不對勁。不過，羅大軍還是接下了這單生意。在開車時，羅大軍接了一通電話。該男子對他說，開車的時候不要打電話，要注意安全。到了新橋後，該男子就下車了，給了羅大軍 5 塊錢，然後匆匆離開了。

警方為了確認羅大軍提到的人到底是不是周克華，給他看了周克華的照片，羅大軍認為照片上的人與他在搶劫案發生當天遇到的人很相似。最關鍵的是，羅大軍的通話紀錄顯

[002] 摩托車計程車。

示，他那天接電話的時間是 9 點 39 分，距搶劫案發生只有 5 分鐘。

8 月 11 日，警方在重慶市沙坪壩區歌樂山發現了周克華的蹤跡。原來，周克華曾藏身在一處十分隱蔽的山洞裡。該山洞的洞口被蜘蛛網和雜草覆蓋著，山洞不怎麼高，成人無法在其中直立。警方只在山洞裡發現了一件破爛的成人短袖衫、兩個菸盒和被剝皮的電線以及新鮮的排泄物。很顯然，不久前周克華就曾在該山洞裡藏身，只是已經逃走了。

8 月 14 日，警方在重慶沙坪壩區覃家港鎮童家橋村篙筍溝背後一家皮鞋廠發現了周克華，並在此地布下了一張天羅地網。凌晨時分，周克華出現在一個胡同內，他發現了尾隨在他身後的兩名警察，並徑直朝著兩名警察走過去，拿出槍向兩名警察射擊。兩名警察迅速躲在電線桿後找掩護，並朝周克華開槍，最終周克華被當場擊斃。

這樣一個搶劫殺人的惡魔，有著怎樣的人生經歷？

1970 年 2 月 6 日，周克華出生在重慶一個貧困的農村。雖然周克華的童年是在貧困中度過的，但卻並未因貧困而受到歧視，在當時幾乎所有的農民都非常貧困，並不存在攀比的情況。在村裡，周克華的家庭狀況還算不錯，他的父親是個回鄉知青，是村裡少見的文化人，在生產隊當過多年的會計。

和村裡的同齡人比起來，周克華是個很特殊的孩子。周克華非常內向，不喜歡和同齡人嬉戲玩耍，人們總是能看到他孤零零的身影。但周克華在學校運動會上卻出盡風頭，他很喜歡鍛鍊身體，尤其喜歡游泳，而且游得很好。村裡面許多小孩子都非常羨慕周克華的游泳技術，周克華也經常和同齡人一起到河裡游泳和抓螃蟹。

周克華的父親周正喜也是個不愛與人往來的人，他們父子兩人的性情十分相像，在工作時不與他人合作，就連紅白喜事這樣的大事也不參與。不過，周氏父子在工作上卻是好手，尤其是周克華，在工作時總是很積極，重點是他力氣非常大。

在當時，挖沙對於當地農民來說是個不錯的活計，只要肯出力氣就能賺到錢。因此，挖沙也成了周克華等人的謀生之道。後來，挖沙業務被人承包下來，當地村民的財路斷了，便只能到城市裡尋找賺錢的機會。

周克華在 26 歲時結婚，之後就搬到一個小鎮上居住，從此便很少回家。村裡人也很少能打聽到周克華的消息，就連周克華的母親也不知道他的情況，她只知道兒子在外地工作，完全不知道周克華犯下的累累罪行。

搶劫犯有專業和業餘之分。專業搶劫犯的反偵查能力很強，通常情況下很難落網。而且專業搶劫犯將搶劫當作自己的工作去做，不會做搶劫以外的其他工作。此外，專業搶劫犯通常都是集團作案。

上述案件中的周克華就屬於專業搶劫犯，他有很強的反偵查能力，而且還是偽裝高手。周克華每次作案前，都會事先偵查一番，到作案地點踩點。在踩點的時候，周克華十分注重偽裝自己，他會將自己的臉部嚴密地包裹在帽子和口罩下，絕對不會讓監控拍到自己的臉部。此外，周克華還會在走路姿勢上進行偽裝。在平常，周克華的走路姿勢很容易引起人們的注意，他走路時外八字十分嚴重，還會有大幅度搖擺左右肩膀的動作。但當周克華作案完畢後，他會將口罩和帽子摘掉，然後穿上舊式軍官冬季常服，並用十分正常的姿勢走開，他搖擺肩膀的動作也會消失。如果不是有人刻意注意，根本不會將判若兩人的周克華連繫起來。這也是周克華屢次得手的重要原因之一。

與專業搶劫犯相對應的是業餘搶劫犯。業餘搶劫犯通常都是獨自進行搶劫，而且只是隨機地尋找機會下手，例如獨自行走的路人，尤其是在行人稀少的街巷或是深夜。與專業搶劫犯不同，業餘搶劫犯更容易被捕。2017 年 3 月 31 日在廣東深圳龍崗發生的一起搶劫案就是業餘搶劫犯罪的典型。

在案發當天，一名身著粉色上衣的女子正站在路口邊等綠燈邊看手機，她旁邊有一名男子正在東張西望，突然該男子搶走了粉衣女子的手機。粉衣女子被搶後，立刻追上去。接下來的一幕讓人哭笑不得，該男子居然慌不擇路，跑進了派出所，被警察當場抓獲。

該男子姓常，剛來深圳不久，沒有找到工作，也沒有固定的住所，所以在看到有人玩手機後，就起了歹心。但由於常某並不熟悉地形，所以在搶到手機後，誤打誤撞地跑進了派出所。

通常情況下，像常某這樣的成年業餘搶劫犯是比較少見的。相比於成人，青少年更容易成為業餘搶劫犯。此外，酗酒和吸毒的人也更容易淪為業餘搶劫犯。

以人質作為籌碼
—— 綁架

1996 年 5 月 23 日下午 6 點左右，香港富豪李嘉誠的長子李澤鉅在從公司下班回家的路上被人綁架了。不久後，李家就接到了綁匪的電話，這通電話是用李澤鉅的行動電話打來的。李澤鉅在綁匪的脅迫下只說了一句話：「喂，我被人綁架了，不要為我擔心，千萬不要報警……」當時，李嘉誠正在開會，並不知道長子被人綁架的消息。等李嘉誠得知此消息後，立刻趕回了家裡，商量如何解決。

此時的李嘉誠陷入了矛盾之中，他不知道該不該報警。最終，李嘉誠決定不報警，因為他對當時香港的警察和司法制度並不怎麼信任。其實，在李澤鉅被綁架前，香港已經發生過多起富豪被綁架的案例，例如王德輝。王德輝被人綁架了兩次，第一次王德輝的家人給了綁匪 1, 100 萬美金，換回了王德輝的平安；但第二次，綁匪在收到 6, 000 萬美金後，並未守信，而是選擇了撕票。王德輝在慘遭殺害後，屍體被扔到了大海裡 [003]。

[003] 此為綁匪供稱，但警方並未找到遺體；1999 年，王德輝被香港高等法院宣布死亡。

很快，李嘉誠接到了綁匪的電話。與製造綁架案的普通綁匪不同，這個綁匪主動說出了自己的名字，他叫張子強。張子強是香港有名的黑社會頭目，他不僅不怕自己被人認出來，還擔心自己的名氣不夠大。

張子強告訴李嘉誠，他將親自上門拜訪，並準備和李嘉誠談談贖金。張子強之所以這麼大膽，就是因為咬定李嘉誠不會拿自己長子的生命冒險。在張子強看來，錢對於窮人來說很重要；但對於富豪來說，命更金貴。

對於李嘉誠的住處，張子強十分熟悉，他和李嘉誠很快見了面。見面後，張子強在和李嘉誠寒暄了一番後，直接進入正題，他說他代表兄弟們向李嘉誠借 20 億，而且必須全是現金。李嘉誠告訴張子強說，就算他想給，銀行也不一定能提出這麼多的現金，他得先向銀行詢問一下。

李嘉誠立刻命人打電話給銀行，最後的結果是，銀行最多能提出 10 億現金。李嘉誠把這個消息告訴張子強後，還說為了表示他的誠意，張子強可以帶走家裡的 4,000 多萬現金。最終，張子強同意了，並說之後會來取走那 10 億現金。張子強在將這 4000 萬現金裝進車裡時，突然覺得 4 這個數字不怎麼吉利，就退給李嘉誠 200 萬，只拿走了 3800 萬。

張子強回去之後，對手下的同夥說，他和李嘉誠已經談妥了，用 10 億港幣換李澤鉅，明天就去取錢。隨後，張子強還交代，不要虧待李公子。

第二天，李嘉誠接到了張子強的電話。李嘉誠告訴張子強，他已經從滙豐銀行裡取出了5億。由於現金數量巨大，李家還為張子強準備了一輛大麵包車。張子強開著這輛大麵包車帶走了這5億現金。剩下的5億，張子強到下午4點再來取。

5億現金不是個小數目，張子強在將5億現金往車上搬的時候費了不少力氣，他為了省力，下午來的時候還特意帶來一個同夥做幫手。

在準備離開時，張子強突然問了李嘉誠一個問題：「你們李家會不會因此恨我？」李嘉誠回答說：「不會，我在教育孩子的時候，經常對他們說，要有獅子的力量和菩薩的心腸。用獅子的力量去奮鬥，用菩薩的心腸去待人。」張子強聽後向李嘉誠保證道：「既然李家這麼講信用，我保證以後絕對不會再騷擾李家。」

李嘉誠則給了張子強一些建議，他希望張子強能用這筆錢去投資，最好購買他們李家公司的股票，這樣所得到的收益是十分可觀的。李嘉誠還說，實在不行，就將這筆錢存到銀行裡，利息也是一筆不錯的收入。

張子強聽後笑了笑沒說話，在發動汽車後，突然打開車窗對李嘉誠喊道，今晚，李澤鉅就會回家。張子強來到關押李澤鉅的養雞場後對他說：「你老爸很講信用，我們已經拿到錢了。我這個人也很有信用，今晚就放你回家。」說完，張子強就命人將李澤鉅和他的司機放走。李澤鉅和司機兩人的眼睛被蒙上後，被人用汽車送到了一家飯店門口，然後就恢復了自由。

這不是張子強第一次犯罪，也不會是最後一次。張子強從十幾歲就開始混黑社會，他的父親一心想讓兒子走正道，但張子強根本就不服從父親的管教。

張子強的父親是隨著當時「逃港潮」來到香港的。張父剛來到香港時，身無分文，也無人可投靠，只能依靠自己所掌握的一點中草藥知識開一家涼茶鋪。

這家涼茶鋪的所在地是香港的油麻地，算是香港的貧民區，居住條件很差，也是犯罪的滋生地，是黑社會頻繁火拼的場所。總之，張子強就是在這樣混亂且拮据的生活環境下長大的。

隨著年齡的增長，張子強越來越無心讀書，連國小畢業也等不到，就迫不及待地參與到了街頭混混的幫派中。張父看到兒子不是讀書的料，便想著讓兒子學習一門手藝，用來日後維持生計。起初張子強只是在父親的涼茶鋪打雜，可是他並不安分，於是就被父親送到專做西裝的裁縫鋪當學徒。每當張子強做了錯事，他的父親都會採用暴力的懲戒方式，但就算如此，張子強依舊沒有走上正道，反而在黑社會混得如魚得水。

1990 年 2 月，張子強帶著自己的小弟搶劫了一輛押錶車，這輛汽車裡裝著價值不菲的勞力士金錶。一年後，張子強再次協同小弟進行搶劫，這一次他瞄上了一輛運鈔車，他們搶走了 3,500 萬港幣和 1,700 萬美金。這在當時是一起十分轟動的搶劫大案，引起了香港警察的重視。

不久之後，張子強就被警察抓住了，等待他的將是 18 年的監獄生活。就在香港市民等待審判結果的時候，情況發生了逆轉。張子強的老婆羅豔芳不僅為張子強請了香港最好的律師，還利用新聞媒體的力量為張子強脫罪。

1995 年，香港高等法院宣布了審判結果，張子強無罪釋放。張子強獲得自由後立刻投訴了香港警方，最後警方賠償了張子強 800 萬港幣才作罷。

揚眉吐氣的張子強在一年後，便又開始策劃犯罪活動，這一次他決定不再搶劫，而是策劃綁架。很喜歡看報紙的張子強買了一份報紙，上面有香港的富豪榜，李嘉誠位列第一。於是張子強決定對李嘉誠下手，他覺得綁架李嘉誠的兒子效果更好，就瞄上了李澤鉅。

這次綁架成功後，張子強分到了 4.3 億現金。他拿到錢後，並未聽從李嘉誠的建議，去做投資或存在銀行，而是選擇去澳門賭博。

與許多黑社會頭目一樣，張子強十分沉迷於賭博。張子強並不在乎賭博能贏多少錢，他更在乎的是賭博給自己帶來的快感。短短兩天，張子強就在賭場裡輸掉了 8,000 萬，但他並不在乎，因為他覺得賭博會讓自己非常興奮，他喜歡這種興奮的感覺。

很快，這 4.3 億就被張子強揮霍完了。他決定再幹一票。於是，張子強又買了一份報紙，開始研究上面所刊登的富豪榜。這時，張子強發現第一名依舊是李嘉誠，不過他曾答應過李嘉誠不會再動李家的人，於是就瞄上了富豪榜上的第二名，即郭氏兄弟。

這一次的綁架依舊進行得非常順利，只是在索要贖金上，張子強發現郭家沒有李嘉誠爽快，他只要到了 6 億。作為頭目的張子強最終得到了 3 億。

很快，這 3 億也被張子強揮霍光了，他只能再次策劃綁架並索要贖金的犯罪方案。這一次，張子強決定綁架澳門的第一富豪，只是被警方察覺而沒有成功。

雖然張子強並未被警方抓住，但他的手下卻未能倖免。張子強為了將同夥從監獄中救出，就從內地購買了 800 公斤的炸藥和 2,000 多枚雷管，想利用炸藥去劫獄。這 800 公斤炸藥的威力十分巨大，如果集中引爆，就連一座十幾層的大廈也能被夷為平地。

張子強因此引起了中國政府的注意，由於當時香港已經主權交接，中國政府有權介入。後來張子強在廣東被捕，經開庭審理，最終被判處死刑。

對於這項判決，張子強當然不服，他開始上訴。但終審結果依舊是死刑，也就是維持原判。其實張子強一直想回香港接受審判，他認為這樣自己就有機會活命，但香港方面並不接受。

像張子強這樣的綁架犯就是慣犯。對於張子強來說，搶劫和綁架就是他的工作，他會反覆地實施犯罪，將犯罪當作自己的職業。與一般罪犯不同，慣犯都是一些意志薄弱的人，經常處於自我放縱的狀態，尤其是在揮霍金錢的問題上。

決絕的作案方式 —— 縱火犯罪

2013 年 5 月 30 日凌晨 2 點左右，中國廣東省東莞市長安鎮烏沙社區步步高大道 177 號一商鋪發生了火災。這家商鋪的主人是陳漢泉，當火災發生的時候他並未睡著，他正在和兩個弟弟坐在店裡喝茶聊天。

原來，在火災發生之前，陳漢泉的商店曾遭遇 6 名不明身分男子的打砸，他本人為了阻攔打砸而受了輕傷，兩個弟弟很擔心他的安全，就從廣州和深圳趕來探望，希望能幫上哥哥。

到了深夜時分，陳漢泉兄弟三人還在聊天，而陳漢泉的妻子和兩個兒子早就又睏又累，到閣樓上睡覺了。到了凌晨 1 點左右，陳漢泉三兄弟也開始有了睏意，就準備關上捲簾門，上樓睡覺。

由於當時天氣炎熱，陳漢泉就和二弟一起洗澡，而三弟陳漢生則準備吹會兒風扇再上閣樓睡覺。這時，陳漢生聽到了敲門聲，還敲了不止一下。陳漢生以為有人買東西，於是就準備去拉開捲簾門。這時，陳漢生突然發現捲簾門已經被人從底下撬開了一條大約 10 公分的縫隙。很快，帶著一股濃濃汽油味的液體從這條縫隙被潑了進來。就在陳漢生還沒反應過來時，有人扔進來一個帶著火苗的東西。頃刻間，火苗一下子變成了大火，從捲簾門底下迅速地蔓延到屋子內。再加上店內有不少菸酒、草席等易燃物，火勢變得越來越凶猛。

在閣樓上的陳漢泉和二弟陳漢炎在聽到敲門聲後，立刻準備下來，他們懷疑是砸店的人又來了。剛下來，陳漢泉和陳漢炎就發現原來是著火了。此時大火已經將捲簾門阻隔，他們想要出去就只能從後門走，於是陳漢泉立刻去找後門的鑰匙。而陳漢炎則爬上閣樓，準備營救嫂子和兩個年幼的姪子。

當陳漢泉打開後門後才發現店內都是火，他和三弟只能趕緊逃走。陳漢泉逃出去後，立刻想著怎麼救人，他先撥打了報警電話，然後打電話給自己的小舅子趙浩生。不一會兒，趙浩生就帶著父親來到了案發現場。

此時，被困在店內的幾個人還發出了微弱的呼救聲。眼看著自己的親人就快要被燒死了，陳漢泉十分著急，就要求警察開車將緊閉的捲簾門給撞開。但警察並不同意採取這種危險的舉動，陳漢泉就只能開著趙浩生的麵包車將捲簾門撞開。雖然捲簾門被撞開了，但在凶猛的火勢下，陳漢泉依舊只能眼睜睜地看著。幸好此時，消防車趕到了。

大約 20 分鐘後，大火終於被撲滅。在救火期間，因為捲簾門帶電，有 3 名消防員被電擊傷了。當火被撲滅後，陳漢泉迫不及待地衝了進去。他先發現了大兒子，趕緊將孩子抱了出來。很快，搜救人員發現了另外兩名受害者，這是陳漢泉的妻子和小兒子，他們就縮在閣樓的牆角，小孩一直被陳漢泉的妻子緊緊地抱在懷裡。此時陳漢泉的妻子還有微弱的心跳，幾名受害者很快被送進醫院搶救，但卻因搶救無效而死亡。陳漢炎的屍體在半個多小時後被找到，他已經被燒焦了。

根據陳漢生的描述，這起火災顯然是有人故意製造，並非意外事件。警方在調取監控錄影後發現，在火災發生前曾有兩名男子出現在陳漢泉的店鋪前，並且不停地用力拍打商鋪的捲簾門。一會兒後，他們便將桶裝液體潑進捲簾門內。

那麼，這兩名男子為什麼要縱火傷人呢？受害人陳漢泉認為這是房東戴某所為。陳漢泉告訴警方，這間商鋪是他租的，按照租房合約，房東將該店鋪租給陳漢泉 3 年時間。但在不久前，房東卻突然要求陳漢泉將東西搬走，因為他要將房子拆掉重建。房東的這個要求讓陳漢泉難以接受，當初他為了租下這間商鋪，多交了人民幣 2 萬多元的轉讓費，而且還在裝修上花了 1 萬多元。陳漢泉本打算好好做商鋪的生意，但沒想到房東突然提出了讓自己搬走的要求。再加上合約所約定的期限沒到，陳漢泉就向房東提出了賠償要求，他認為房東有義務賠償他花費在轉讓和裝修上的費用，還提出請協力廠商機構來評估。房東聽後就離開了，之後再也沒有出現。

到了 5 月 27 日的晚上，陳漢泉的店裡來了 3 個年輕人，其中一個身著黑色衣服的年輕人自稱是房東的孫子，他要求陳漢泉趕緊搬走，並提出會給 4,000 元的損失賠償。陳漢泉當即反對，堅持要求請協力廠商機構進行損失評估。陳漢泉的這種態度激怒了這個年輕男子，他在離開前丟下一句話：「那就不用說了，以後一分錢的賠償都沒有。」

大約 3 個小時後，即 5 月 28 日的凌晨，陳漢泉的店裡來了一名男子，該男子聲稱要買一包 17 元的黃鶴樓菸，然後給了陳漢泉 50 元，還向陳漢泉借了一個打火機點菸。陳漢泉找錢給該男子後，他接過零錢就走了。陳漢泉意識到打火機還在男子的手中，就叫他把打火機還回來。誰知，該男子將打火機隨手扔了過來，打火機直接掉到地上。陳漢泉只能彎腰去撿，這時該男子則將手中點燃的菸朝陳漢泉扔過來，隨後還將整盒菸扔到陳漢泉的身上。

很快，就有 5 名男子走進了店裡，他們手中還拿著鋼管。他們以買到假菸為由，開始猛砸店鋪裡的物品，期間陳漢泉也受了輕傷。隨後，這些男子就離開了。據陳漢泉回憶，在他們離開前曾有一人丟下了一句話 ——「看你還搬不搬」。

調查這起縱火慘案的專案組很快就找到了戴某等 9 名嫌疑人。在審問中，戴某夫婦告訴警方，他們租給陳漢泉的商鋪由於陳舊準備拆除重建，於是就向陳漢泉提出了讓其搬走的要求，但陳漢泉以合約未到期為由拒絕搬走。

之後，戴某夫婦再次找陳漢泉協商，但陳漢泉並未給出具體的賠償金額。於是戴某就請陳某去和陳漢泉協商，陳漢泉提出了賠償6～7萬元的要求。戴某認為這個要求太過分，就對陳某說當時簽合約租金是一個月 1,600 元，他只能給出最多 4 萬元的賠償。隨後，戴某就找陳某等人，希望他們能「幫」他收回店鋪。

陳某等人想出了砸店的主意，希望透過恐嚇的手段逼迫陳漢泉搬走。這個辦法並未達到預期的效果，於是陳某等人就到加油站購買了一些汽油，並帶著裝有汽油的塑膠瓶在深夜時分來到陳漢泉的商鋪，將店鋪捲簾門拉開一條縫隙進行縱火。等火燒起來後，這些人就紛紛逃離了案發現場，最後釀成慘案。

通常來說，縱火犯之所以會實施縱火犯罪，主要有以下五種動機：

◆ 第一種動機是故意損壞財物

在大多數的縱火犯罪中，縱火犯的目的就是為了破壞財物，而且在放火後會停留在案發現場。有此種動機的縱火犯一般都是青少年，而且在從事縱火犯罪時會結伴而行。

◆ 第二種動機是報復

帶著這種動機進行縱火的人，一般和受害者的關係較為惡劣，希望透過縱火的方式使對方的人身財產受到損害，從而滿足其報復的心理。有此種動機的縱火犯一般都是成年人，而且在從事縱火犯罪前往往會有大量飲酒的行為。

◆ 第三種動機是為了掩蓋犯罪痕跡

有些犯罪分子在犯下了殺人等較重的罪行後，會採用縱火的方式來掩蓋案發現場所遺留的犯罪痕跡。大火過後，不僅會給警方的調查工作帶來困難，還會造成意外失火身亡的假象。

◆ 第四種動機是詐騙

有些人會為自己的房子購買保險，為了能得到保險賠償，便會採用縱火的方式，有些人還會僱用縱火犯進行縱火。

◆ 第五種動機是恐嚇、威脅

在不少縱火案件中，縱火犯的動機都是恐嚇，以達到自己的某種目的。上述案例中的陳漢泉之所以會遭此橫禍，就是因為縱火犯希望他能盡快騰出商鋪。根據縱火犯以及目擊者的證詞，在縱火之前，縱火犯曾不停地敲打商鋪的門，以讓商鋪裡的人做好逃走的準備。也就是說，縱火犯的目的並非殺人，而是為了達到恐慌、威脅的效果。

在上述的五種動機中，縱火犯都是普通人，縱火只是他們達到某種目的的手段。但還有一些縱火犯，他們的目的就是縱火，這種縱火犯的心理有一個專有名詞 —— 「縱火癖」（pyromania）。

縱火癖者將縱火當成一種愛好，他們可以從中獲得快樂或釋放壓力。通常情況下，縱火癖者在縱火後會停留在案發現場欣賞自己的「傑作」。不少縱火癖者還會故意報火警，並躲在暗處等待消防車的到來。

暗藏的心理毒藥
—— 投毒

在中國江蘇省南京市江寧區湯山鎮上有一家十分有名的麵食店，即正武麵食店，主要經營燒餅。對於湯山鎮的人來說，燒餅是一種可口的主食，而且價格也不貴。正武麵食店還是鎮上兩所學校的主要進貨商，學校從正武麵食店以每個人民幣0.4元的價格採購燒餅，然後再以每個0.5元的價格賣給學生。

2002年9月14日的早晨，本該平靜的湯山鎮突然變得鬧哄哄的。原來，正武麵食店附近的中學和工地上的一些人出現了中毒現象。中毒者表現出了十分可怕的中毒症狀 —— 劇烈嘔吐、口吐白沫、臉色發青。

中毒者以學生居多。因為學生要上學，早飯吃得早。也正因如此，才避免了更多的城鎮居民中毒。再加上案發當天是星期六，大多數學生都在家休息，只有畢業班的學生需要在學校補課，因此避免了更多的學生中毒。

很快，許多中毒者就被送進了醫院。在湯山鎮，有一種有篷的、專門用來搭客的三輪摩托車，被稱為「馬自達」。當學生出現中毒症狀時，大多數人還未上班，只有馬自達在街上等待顧客。因此馬自達便成了中毒者的救命稻草。儘管中毒者被以最快的速度送進了醫院，但還是有不少人中毒身亡了。有些馬自達司機在接受記者採訪時說，有不少中毒者的症狀十分嚴重，在送往醫院的途中，他們的眼耳口鼻都已經開始冒血，根本沒來得及搶救，就已經不行了。

這起投毒案在當地引起了不小的轟動，也讓許多人留下了難以磨滅的心理陰影。除了一些無辜者喪生外，不少餐飲業都沒了生意。人們受到中毒事件的影響，不僅不敢購買燒餅，甚至連其他食品也不敢購買了。在很長一段時間內，湯山鎮的餐飲業都十分冷清，從早到晚都沒有一名顧客，為此許多餐飲業只能選擇關門。

很快，投毒案的犯罪嫌疑人就確定了，是正武麵食店的鄰居陳正平。在周圍人看來，陳正平是個很普通的生意人，每天起早貪黑地做生意，從來不會在秤上缺斤短兩。房東對陳正平的印象也不錯，因為他從來不拖欠房租和水電費。

在案發當天，還曾有人看到過陳正平。根據房東的陳述，在案發當天陳正平還曾向房東辭行：「聽說陳宗武的燒餅有毒，他的燒餅攤都被警察收了，這幾天的生意估計做不成了。我準備回家一趟，你給我個電話，到時候再給你水電費。」

陳正平的老家在南京浦口，但他卻踏上了開往河南洛陽的火車。這趟列車是從上海開往洛陽的，到達南京站時已經是深夜了。陳正平隨著人流一起上了火車。在到達徐州站時，列車乘警長崔萬鴻接到車站值班民警傳達的緊急通知，南京湯山特大投毒案的犯罪嫌疑人可能在這趟列車上。

在徐州站，犯罪嫌疑人並未被抓住，但乘警們沒有放鬆警惕，以查票的名義對乘客進行檢查。在列車到達河南商丘站時，犯罪嫌疑人依然沒有被查獲。由於商丘鐵路警方接到了鄭州鐵路公安處的通緝令，因此該列車再次接到緊急通報，崔萬鴻等人只能再次對乘客進行檢查。這時，12 號臥鋪車廂內的一名中等身材的肥胖男子引起了乘警的懷疑，他正在睡覺。該男子被乘警叫醒後，立刻表現出了不安。乘警們此時已經看清了他的樣子，在他還未做出抵抗舉動前就已經將其控制。在檢查了該男子的身分證後，乘警們確定此人便是被通緝的陳正平。

當列車到達鄭州站時，鐵路公安處處長等幾十名警察已經站在月臺上等待陳正平下車。陳正平一下車便被警察帶走了，在審訊完畢後就被關進了看守所。9 月 15 日下午，南京警方趕到了鄭州。第二天，陳正平就被警方押回了南京。

陳正平被押到南京後，立刻被送到了湯山鎮，還被警方押到正武麵食店指認作案現場。雖然當時距離案發已經過去了 50 多個小時，但現場還是有不少的圍觀者。在陳正平出現後，圍觀民眾中還出現了騷動。

在指認作案現場時，陳正平並未戴手銬或被捆綁，只是被幾名警察押著。在許多圍觀者看來，陳正平好像剛起床一樣，上身只穿著一件圓領汗衫，下身穿著冬天的棉毛褲，臉也沒洗，看起來有些骯髒，嘴邊還有鬍渣。

湯山鎮的許多人都很不理解陳正平的行為，因為陳正平所下毒的正武麵食店的主人陳宗武與他的關係很不錯，許多人甚至誤認為他們倆是親戚的關係。實際上，兩人只是關係比較好而已。

陳正平是南京市浦口區烏江鎮商業村人，案發時陳正平已經 31 歲了，但並未結婚。陳正平在國中畢業後就不再上學了，而是到南京喬林鎮一家小吃店當學徒。做了兩年學徒後，陳正平回到老家，開始以種田維持生計。1990 年，陳正平在公安局留下了案底，他因偷竊香菸坐了兩年牢。

1995 年，陳正平來到湯山鎮做生意，他主要做大餅、水煎包、芝麻球等早點生意。陳正平還帶著一個年輕人做助理，是他表姐的兒子姚傑。起初，陳正平只是擺攤賣早點，後來因為欠了陳宗武兩三千塊錢，便開始租門面賣早點。這個門面是陳宗武轉租給他的，陳宗武覺得只有陳正平賺了錢，才有資本還錢。

根據鄰居和房東的證詞，陳宗武與陳正平之間並未發生什麼矛盾與爭吵。但陳宗武的老婆卻很輕視陳正平，總會在牌桌上嘲諷陳正平。陳正平也沒什麼興趣愛好，平時會打牌，但也不會輸太多的錢。

事實上，在陳正平的心中早就埋下了仇恨的種子。陳正平與陳宗武經常因為打牌、傳簡訊等瑣事發生矛盾。再加上正武麵食店的生意一向不錯，而陳正平的生意卻很冷清，於是陳正平就更加嫉恨陳宗武。時間長了，陳正平決定用投毒的方式教訓一下陳宗武夫婦。

2002 年 8 月 23 日，陳正平在集市上用 8 塊錢購買了「毒鼠強」鼠藥劑 12 支和粉劑 50 克。陳正平並未馬上進行投毒，而是在自家的小店裡做了實驗。

到了 9 月 13 日，陳正平決定動手。他等到晚上 11 點左右，偷偷潛入正武麵食店，然後將「毒鼠強」投放到了白糖、油酥等食材中，並加以攪拌，讓這些食材看起來並無異樣。

第二天凌晨，陳宗武早早地就起床開始做燒餅，這樣才能供應給早上吃早點的人們。此時的陳宗武並不知道自己常用的白糖、油酥等食材中已經被摻入了毒藥，他將做好的燒餅、芝麻球等早點賣給了顧客，從而導致許多人出現了中毒症狀。

在中毒事發後，陳正平便購買了一張去往鄭州的火車票。當他被捕後，警方問他為什麼去鄭州時，陳正平回答說：「反正生意也做不成了，而且自己一直因為沒有性功能找不到媳婦，就想到新鄉去購買治療性功能障礙的藥。」

最終，這起造成了 300 餘人中毒、42 人死亡的投毒案的罪犯陳正平被判處死刑。

在不少投毒案中，犯罪分子的動機都與仇恨有關。在許多人看來，像陳正平這樣的犯罪分子是罪大惡極的，但陳正平的犯罪動機卻顯得很平常，是所有人都有可能會遇到的問題。在日常生活中，與自己的親朋好友發生爭吵和矛盾是再正常不過的，但有些人卻會採取極端的報復方式，就像陳正平。

值得一提的是，陳正平是個「光棍」，已經 31 歲了仍未婚。他有一個弟弟和一個妹妹，都已經結婚了。而他本身沒有穩定和較高的收入，日後結婚的可能性也很低。這些都有可能會成為親朋好友嘲諷他的理由。當陳正平與陳宗武的妻子發生爭吵時，他很明顯會處於劣勢，無法在爭吵中占上風。

長此以往，陳正平會覺得自己在陳宗武夫婦那裡受到了侮辱。再加上陳正平小店的生意不好，這意味著陳正平面臨著經濟壓力和社會壓力，這些都會使他的受挫感和受辱感增加。在這種心理的基礎上，陳正平會變得更加敏感，一些雞毛蒜皮的爭吵也會讓他覺得受到了奇恥大辱，他必然會採取極端的方式進行反擊，他還認為這是在維護自己的尊嚴。

對於一個社會地位低或經濟拮据的男性來說，對尊嚴會格外敏感，尤其希望得到親朋好友的尊重。對他而言，來自親朋好友的侮辱是無法忍受的。例如 2016 年江蘇揚州曾發生過一起離奇的投毒案。投毒者張某和妻子合開了一家小商鋪，由於性格原因，夫妻兩人決定女主外男主內。平時，妻子做生意，張某則在家做家務。後來，張某發現妻子經常在微信上和異性聊天、搞曖昧，覺得自己被戴了綠帽，於是他就往妻子的內褲上塗抹除草的農藥。一段時間後，張某的妻子中毒身亡。經法醫鑑定，張某的妻子是死於由巴拉刈中毒引起的多器官功能衰竭。

人之初性本惡 ——攻擊與暴力

2009年3月12日，德國舉行了降半旗的哀悼儀式。原來德國在3月11日的上午發生了一起校園槍擊案。案發現場是司徒加特市附近小鎮溫嫩登的阿爾貝維爾實科中學（Albertville Realschule），一共造成了12人死亡，其中9名為學生，另外3名是教師。

這起槍擊案在德國引起了不小的震動，甚至連時任總理的梅克爾也驚動了。在槍擊案發生的當天下午，梅克爾在柏林總理府專門針對溫嫩登校園槍擊案發表了簡短聲明：「今天的德國沉浸在悲痛之中，上午一起槍擊案在瞬間奪走了一些學生和老師的生命。聯邦政府會對巴符邦提供所需要的援助。」

很快，有關槍擊案的消息紛紛在英國的《每日電訊報》、《泰晤士報》和美國《時代》雜誌網站上刊登。隨後，歐盟委員會主席巴羅佐當天也發表聲明，對這起槍擊案表示震驚和悲痛。

那麼，製造這起槍擊案的犯罪分子是誰呢？是一個年僅17歲的高中生，名字叫蒂姆·克雷奇默（Tim Kretschmer）。他的個人愛好十分奇特，喜歡「死亡金屬」音樂和槍支。克雷奇默之所以能在短暫的時間內槍殺12個人，而且槍槍致命，是因為他有著高超的射擊技巧。

克雷奇默的父親也是槍支愛好者，不僅是射擊俱樂部的成員，還擁有槍支許可證。此外，克雷奇默的父親最大的愛好就是收藏武器。在父親的影響下，克雷奇默也十分喜歡槍支，總是利用業餘時間在家後的樹林裡練習射擊。

克雷奇默最大的愛好就是和朋友一起玩一款第一人稱射擊遊戲「絕對武力」。克雷奇默十分擅長這種遊戲，在執行遊戲中的殺人任務時，克雷奇默總能出色地完成任務。

漸漸地，克雷奇默開始不再滿足於從模擬的殺人遊戲中獲得興奮感，他開始策劃進行一場真實的殺人遊戲，他先從父親那裡偷走了一支槍，還為自己準備了一身黑色野戰裝備服，然後在2009年3月11日上午9點30分出現在自己就讀的學校。

在射擊過程中，克雷奇默的表現就好像在執行任務，他迅速地進入教室，趁著學生們還沒回過神來，就開始掃射，然後克雷奇默迅速地離開，前往下一間教室。與克雷奇默的冷靜相比，學生們則陷入了前所未有的恐慌之中，受到驚嚇的學生們紛紛跳窗逃命。

在槍擊案發生後不久，警察和學生家長都趕到了案發現場。由於案發現場十分混亂，警察立刻封鎖了學校，學生家長只能在學校附近等待孩子的消息，並且祈禱自己的孩子能平安無事。

警察並未在學校發現凶手的蹤跡，凶手很可能在警察趕到之前就已經逃走了。於是，警察只能一邊尋找凶手，一邊在學校疏散師生。隨後，法醫也趕到了學校，開始檢查被害者的屍體。受傷的師生都被轉移到了附近的一家診所中，沒有受傷的學生則跟著父母回家了。

為了盡快抓到凶手，警察開始盤查學校周圍的過往車輛。為了避免無辜者受到凶手的脅迫，警察還要求路過的司機不要搭載陌生人。除此之外，案發現場附近的幼稚園、小學和圖書館等一些公共設施也都被迫關閉，平常十分安靜的小鎮一下子變得緊張起來。

在搜捕期間，克雷奇默與警察相遇了，雙方還發生了一場十分激烈的槍戰。其中，兩名警察被克雷奇默擊中而身受重傷。不過克雷奇默也被擊中了腿部，但克雷奇默並沒有主動繳械投降的意思，還是在不停地逃亡。在這個過程中，有一些無辜的路人被克雷奇默開槍擊斃。最終，警方在一家超市附近找到了克雷奇默的屍體。不過克雷奇默到底是死於自殺還是被警方擊斃，則成了一個謎。警方給出的解釋是克雷奇默死於自殺。

發生在德國的這場慘劇發人深省。我們生活在一個以娛樂為主題的時代，電視劇、電影、線上遊戲是大眾普遍接受的娛樂方式，是人們用於打發業餘時間的工具。以電影為例，不同的人所喜愛的電影類型是不同的，但以暴力為主題的電影卻受到了不少人的追捧，許多人都可以從暴力電影中得到平淡生活中所沒有的刺激感。

那麼，充滿了暴力元素的媒體與人的暴力或攻擊行為是否有必然的連繫呢？人是一種可塑性很強的物種，因為我們具有很強的學習能力，而且這種學習能力會隨著年齡的增加而遞減，也就是說年齡越小的人學習能力就越強。這也就意味著一個人可以透過觀察或模仿電影情節的方式進行暴力犯罪，上述案例中的克雷奇默就是個典型。

既然許多人開始思考媒體中的暴力與現實中的暴力行為之間的關係問題，那麼就說明像克雷奇默這樣的人並非特例。在美國也出現過類似的案例，一個名叫羅尼·薩莫拉（Ronny Zamora）的 15 歲少年犯下了謀殺罪。薩莫拉是個喜愛看恐怖片的人，每天觀看電視的時間長達 6 個小時，而且所觀看的內容都和殺人有關。最關鍵的是，他所犯下的謀殺罪與不久前所觀看的電視節目十分類似。

充滿了暴力元素的電影、電子遊戲往往有非常廣闊的市場。例如：許多人都非常喜愛觀看有暴力元素的電影，這樣的電影可以輕易地讓我們的腎上腺素激增，看完之後會有一種過癮的感覺。每天觀看有暴力元素電影的觀眾可謂是成千上萬，但卻很少有人出現真實的攻擊和暴力行為。

在如今的社會中，暴力和攻擊行為是被禁止的，因為暴力會損害他人甚至是大眾的利益。其實從人性的角度來說，暴力似乎就隱藏在我們的基因或本能之中，不然也不會有那麼多人去觀看有暴力元素的電影，也不會有所謂的暴力美學。

在文學中，暴力美學也十分常見。例如：四大名著之一的《水滸傳》就展現了暴力美學。武松是《水滸傳》中的主要人物之一，提到武松，我們往往常會想起潘金蓮和西門慶。武松為了替兄長武大郎報仇，殺死了這對姦夫淫婦。武松因此被發配到孟州。在孟州，武松因為抱打不平得罪了蔣門神。之後，武松就被蔣門神等人陷害，還差點喪命。武松為了報仇來到了與蔣門神狼狽為奸的張都監家裡，此時蔣門神等人正在後花園的鴛鴦樓喝酒慶祝，武松一口氣殺死了所有人，包括張都監的家眷和僕人。殺過人後，武松拿起桌子上的酒壺猛灌一通，然後就蘸著血在牆上寫道：「殺人者，打虎武松也！」隨後，武松就逃走了，前去投奔張青。當我們閱讀武松的故事時，其實就是在欣賞暴力美學。

除了小說外，詩歌中也有暴力美學的存在。例如李白曾經寫過一句詩：「笑進一杯酒，殺人都市中。」這句詩歌，我們只能從藝術的角度去解讀，如果將它引入到現實中，我們就會產生如宋朝蘇轍一樣的感受。在蘇轍看來，李白是一個不符合儒家規矩的詩人，甚至是個不道德的詩人，他曾對李白這樣評價道：「白晝殺人，不以為非。」

我們之所以會將暴力進行藝術化，就是因為暴力或攻擊性是我們的本性之一。人類從幼年時便展現出了攻擊性，不論是男孩還是女孩，但我們會隨著年齡的增長而學會自我控制。人們對於暴力或攻擊性還帶著強烈的反感，這與社會個體所具有的道德感有關。

自我控制是一個人成長和融入社會所必備的能力。如果一個人隨著年齡的增長卻無法進行自我控制，那麼他極有可能會走上犯罪的道路。這意味著他會給他人帶來傷害，同時也意味著他將要承擔嚴重的後果。

那麼，為什麼人的本性之中會有暴力傾向呢？畢竟這是一種損人不利己的行為。所謂的損人不利己只是在當前的社會條件下，也就是在豐衣足食的安定環境中。我們是幸運的，因為我們生活在一個物質較為豐富的時代。飢餓這種威脅人生存的恐慌感，在我們這代人身上是很少見的。

但在歷史上，飢餓一直是籠罩在人類頭頂上的死亡陰影。當一個人處在饑荒年代，他的自我控制能力會達到最低值，最容易出現攻擊行為，更傾向於冒險。這樣的人更容易在饑荒年代活下來。

此外，從演化的角度看，攻擊行為還是一種高風險、高報酬的策略。在我們所生活的社會中，有攻擊或暴力傾向的人，很容易犯罪，從而被關進監獄，甚至判處死刑。這樣的人很難留下後代，很少有女人願意嫁給一個罪犯，也就是說他的基因很難延續下去。在大自然中，攻擊性強的猴子可能會向猴王發起挑戰，更容易喪命，基因也很難得以延續。可是一旦挑戰成功了，就意味著牠將在猴群中享有極高的地位，牠將會獲得優先交配權。

雖然有些人有暴力的傾向，但並不意味著他們就一定會從事暴力犯罪。因為，後天的教養十分重要。兒童和青少年會比較容易被有暴力元素的媒體所影響，從而出現模仿行為。例如：如果兒童或青少年經常觀看有暴力元素的電影，那麼在短時間內他的行為就會充滿攻擊性。不過這並非不可改變，只要能得到父母的正確引導，即使觀看了一些有暴力元素的電視節目或電影，也會形成正確的認知，將現實生活與暴力藝術分開。

此外，研究還發現，如果一個人在兒童時期經常受到嚴厲的責罵和體罰，那麼他就更容易出現攻擊行為，並在他小時候就初見端倪，例如在與同學比賽時更容易做出攻擊行為。因此，積極、健康的教育方法就變得尤為重要。

第三章

人類的黑暗史——殺人犯罪

剝奪他人性命
—— 故意殺人

2015 年 2 月 18 日是除夕夜，許多人都在家中吃團圓飯，但中國山東省臨沂市公安局蘭山分局的值班警察卻接到了一通報警電話。打電話的是個女子，她聲稱自己的妹妹被人殺害了。

被害者本來是打算和姐姐一家一起吃年夜飯，可是到了晚上，報案者怎麼也打不通妹妹的電話，於是就和家人來被害者居住的房子查看。報案者敲門敲了很長時間都無人回應，就覺得不對勁，於是就強行撬開門鎖，結果發現被害者就躺在地上，身下有一大片血跡，已經沒有了生命跡象。

警方趕到案發現場後，確定這是一起故意殺人案，被害者劉某的致命傷在頭部，她的頭部被人用鋭器擊傷，而且死亡時間也有兩天了。

透過調查，警方很快就鎖定了犯罪嫌疑人。劉某在遇害前曾有過一個同居了半年的男友，而且在遇害之前的一段時間內都和男友在一起。劉某的姐姐告訴辦案的警察，劉某的男友名叫王斌，幾天前還曾和劉某在一起。但在劉某遇害後他卻突然消失了，電話也打不通。此外，劉某的姐姐還提供了一條有價值的線索，即王斌自稱是羅莊人，在國稅局上班。

有周圍的民眾反映，曾在 2 月 15 日這天看到過王斌，不過王斌在當天的深夜時分匆匆駕車離開了社區。這樣，王斌的嫌疑就更大了。

警察根據這些線索進行調查，結果發現臨沂市國稅局根本沒有一個名叫王斌的人。警察懷疑，犯罪嫌疑人很可能使用了假名。

市區的大量監控幫助警察找到了王斌的線索，王斌所駕駛的 BMW 在深夜時分出現在了京滬高速入口。後來，警察調取了王斌所行駛的路面監控，結果在泰安發現了 BMW 轎車，但卻並未發現王斌的蹤跡。

就在這時，警察又接到了劉某姐姐所提供的一條有價值的線索。劉某姐姐告訴警察，妹妹生前曾送給她一件外套，並對她說，在外套的口袋裡有一張寫著數字的紙條，並囑咐她要好好保存著。這串數字是一個身分證號碼，號碼的主人則是濰坊市某鄉鎮的吳某。

警察開始懷疑吳某就是犯罪嫌疑人。根據身分證上的位址，警察拿著犯罪嫌疑人的照片來到了吳某所居住的村子。

警察並未找到吳某，但卻從村幹部那裡了解到，吳某就是照片上的男子，即犯罪嫌疑人。只是這幾年，吳某一直在外地，就算是春節也不回家。隨後，村幹部就帶著警察來到了吳某的家，恰巧吳某的父親正在家。吳父看到照片後對警察說，照片上的男子雖然與他的兒子很相像，但卻不是他。為了洗清兒子的嫌疑，吳父還特地打了電話給在外地的兒子。

吳某告訴警察，照片上的人的確不是他，而是他在某娛樂場所認識的一個顧客，而那位顧客就叫王斌。吳某還說，他和王斌因為長得相似，所以便成了好朋友。在 2014 年下半年，王斌借走了他的駕駛證，但卻一直沒有歸還，當吳某問及時，王斌就說自己不小心弄丟了。

這樣一來，犯罪嫌疑人的線索就斷了。後來，警察從犯罪嫌疑人經常聯絡的熟人那裡確定了他有東北口音，這說明犯罪嫌疑人很有可能是東北一帶的人。犯罪嫌疑人的逃跑路線極有可能是往東北方向。

犯罪嫌疑人所駕駛的 BMW 在泰安找到了，警察就決定從泰安的計程車司機入手，因為警察認定犯罪嫌疑人肯定還會繼續租車潛逃。最終，警察從一名計程車司機那裡了解到，犯罪嫌疑人去了濟南。

來到濟南後，警察在追蹤中發現犯罪嫌疑人又租車去了天津。到達天津後，警察又了解到犯罪嫌疑人往臨沂方向折返。

2 月 23 日的晚上，犯罪嫌疑人終於被抓住了，他又出現在了劉某遇害的社區附近，而且正和一名女子同居，而該女子則是他剛剛結交的女朋友。

犯罪嫌疑人姓胡，31 歲，黑龍江省雞西市人，已婚並有個 7 歲的兒子。胡某在東北就有案底，曾因為詐騙金額巨大被當地警方通緝。在東北待不下去了，胡某就來到了山東臨沂。

在臨沂，胡某依舊本性不改，繼續行騙。他不僅欺騙別人的錢財，還欺騙別人的感情，專找有錢的單身女子下手。為了行騙，胡某還特地在汽車租賃公司租了一輛 BMW 轎車，還換上了一身時髦的精品衣服。胡某利用微信和單身女子聊天，並聲稱自己是個富二代。

被害人劉某在胡某看來條件很不錯，不僅是單身，還有自己的房子，存款也不少。劉某自從丈夫因盜竊入獄後一直希望能再婚，就在這時胡某出現了，劉某輕易地就上鉤了。

起初，兩人只是在微信上聊天。在劉某看來，胡某是個可遇不可求的好男人，不僅有穩定的工作、殷實的家底，而且還特別浪漫。在微信上聊了一個月後，胡某就主動搬到劉某家中與她同居。

漸漸地，劉某越來越信任胡某。於是胡某就利用劉某的信任，以為家族企業周轉資金為由騙走了劉某所有的存款。

這筆存款數額不小，胡某也因此過上了夢寐以求的生活，不是去高級餐廳，就是帶著劉某到處旅遊，儼然一副富二代的姿態，而劉某也因此更加相信他就是個金龜婿。

胡某的逍遙日子沒過多長時間就露出了馬腳，在 2015 年春節快要到來時，劉某意外發現了胡某的駕駛證。駕駛證上的名字是濰坊市的吳某，根本不是「王斌」。這時，劉某才起了疑心，於是就將吳某的身分證號碼交給了自己的姐姐。同時，劉某還不停催促胡某還錢。

胡某基本上已經把錢都揮霍掉了，根本沒錢還給劉某，總是找藉口搪塞。時間長了，劉某的疑心就變得越來越重，兩人開始因為還錢的事經常發生爭吵。

在 2 月 15 日的晚上，也就是除夕夜前兩天，劉某再次催促胡某還錢，雙方因此發生了激烈的爭吵。在爭吵過程中，胡某突然有了殺人的念頭，他覺得只要劉某死了，這筆錢就不用還了。於是，胡某用酒瓶砸暈了劉某，隨後用繩子勒住劉某的脖子，直到劉某沒了生命跡象。殺完人後，胡某就匆匆離開了案發現場，決定潛逃。

胡某一路向北逃去，但當他到了天津後卻突然發現自己沒錢了。胡某開始想著怎麼弄一筆錢，他想到了一個女孩林某，這是他前段時間在臨沂認識的。於是，胡某就又回到了臨沂，並與林某取得了聯繫。林某和劉某一樣，對胡某這個風度翩翩的「富二代」頗有好感，因此胡某又輕易地從林某那裡騙走了一萬元，騙錢的理由也是如出一轍，聲稱是給自己的家族企業轉帳。當這一萬元揮霍得差不多時，胡某就決定故技重施，但卻被警察抓住了。根據胡某的交代，除了劉某和林某外，臨沂還有許多女性都被胡某騙了。

很顯然，這是一起故意殺人案。在這起案件中，激烈的爭吵是導火線。對於一個正常人來說，發生爭吵時，不會去想怎麼殺死一個人，這只是連環殺手才會去想的問題。因此當發生爭執時，行凶者極有可能會在盛怒之下隨手拿起一件物品當作殺人工具。例如上述案例中擊中被害者頭部的酒瓶，這是一種十分常見的物品。如果當時離凶手較近的是其他物品，那麼也會成為凶手隨手拿起的殺人工具。不過這起案件並非因為一時激憤而殺人，而是故意殺人，因為凶手在被害者處於昏迷時，還用繩子勒死了她。殺人後，凶手也沒有內疚、後悔的情緒。

謀殺當作藝術 —— 變態殺人狂

2003 年 11 月 4 日，在中國河南省駐馬店的一家網咖裡，一個名叫張某的少年認識了一個其貌不揚的中年男子，他叫黃勇。在離開網咖前，黃勇邀請張某去遊玩，並藉口說得領點錢，讓張某陪他一起前去。

就這樣，黃勇將張某帶回了自己家。到了大黃莊後，黃勇提出讓張某在他家吃午飯，於是就去買了泡麵和花生米。吃飯時，黃勇指著房間裡一個很像壓麵條機的東西對張某說：「這個東西叫『智能木馬』，很好玩的。你只要躺上去就知道它的樂趣了。」張某被說動了，沒多想就躺了上去。

趁著張某不注意，黃勇按動了開關，張某的脖子和手腳都被鎖住了，一點也動彈不得。此時的張某才意識到危險，但已經晚了，只能任由黃勇處置。

黃勇先將張某的衣服脫光，然後用一條白布勒住了張某的脖子，用另一條白布勒在了張某的肚子上。黃勇開始逼迫張某不停地吸氣，每吸氣一次，黃勇就會將綁在張某肚子上的白布條勒緊一次，於是張某的肚子就漲得大大的。

接著，黃勇拿出了一個注射針，不停地刺在張某的脖子和肚子上，而且針針出血。疼痛不已的張某總是忍不住叫出聲，黃勇就用東西塞住了張某的嘴巴。

在接下來的幾天內，張某可謂是飽受折磨，但他卻一直沒有放棄向黃勇求饒的機會。黃勇好像有一些心動，會時不時地給張某一些泡麵之類的食物。這些食物雖然不多，但對張某來說卻很寶貴，讓他能有體力逃生。張某曾兩次試圖從這間屋子逃走，但都失敗了。

黃勇一邊折磨張某，還一邊向張某炫耀自己以前殺人的事情。到了 11 月 11 日，黃勇出現了反常的行為，他沒有折磨張某，而是不停地在屋子裡轉來轉去，嘴裡還模糊地唸叨著什麼，似乎在決定到底怎麼處置張某。趁此機會，張某對黃勇說：「求求你，放了我吧。將來我一定會給你養老。」這句話顯然產生了不錯的效果，黃勇猶豫了，眼睛裡似乎還含著淚光，最終他決定放走張某。

死裡逃生的張某十分害怕，他不敢回家，他害怕黃勇會重新找上自己，於是就去了同學家，在那裡過了一夜。第二天早上，精神恢復了一些的張某決定回家。回家後，張某將整個事件的經過都告訴了奶奶。老人一聽，覺得不是小事，就打電話給張某的父親，還跟在警察局工作的親戚說了說。

很快，黃勇就被當地警察抓捕了。黃勇之所以沒有逃走，是因為他在放走張某後一直跟蹤他，發現張某並沒有報警，就放心回家了。

這不是黃勇第一次作案，早在 2001 年黃勇就開始殺人了，那些死在黃勇手上的年輕男子都沒有張某這般好運。第一個死在黃勇手上的是個學生，年僅 15 歲。死者路某在錄像廳認識了黃勇，並被黃勇欺騙到家中。黃勇讓路某玩「智能木馬」的遊戲，還說只要通關了就能得到錢。結果路某被黃勇勒死了，他的屍體也被黃勇肢解後埋在了自家的後院內，他的衣服則被黃勇全部焚燒了。

時隔近一年後，黃勇又在遊戲廳騙走了一個年僅 17 歲的男子王某，他對王某說想要得到工作，就必須得透過「智能木馬」的測試。王某也被黃勇勒死，他的屍體和衣服的處理方式與路某一樣。

2003 年 1 月，又有一個學生上當了。黃勇在處理完死者的屍體和衣服後，繼續到遊戲廳和錄像廳尋找目標，此時春節才剛過了一天。在錄像廳，黃勇認識了一個 18 歲的學生韋某。黃勇提出要出錢資助韋某上學，然後將韋某騙到家中殺死。

2003 年 2 月，黃勇在一家電子遊戲廳一下騙走了兩名學生陳某、韓某。兩個人顯然不能用「智能木馬」，於是黃勇就將兩人灌醉，然後將兩人分別勒死。黃勇在處理兩人的屍體時留下了一雙手，這是陳某的手，他將這雙手裝進了一個紙袋中。然後黃勇就寫了一封勒索信，為了避免被人認出字跡，就用尺比量著寫完了勒索信。在 3 月 2 日，黃勇趁人不注意，將準備好的東西扔到了一個電話超市的門前。但超市的老闆並不上當，黃勇因此沒有勒索成功。

幾日後，黃勇繼續尋找目標。僅僅在 3 月分這一個月，就有 5 名年輕男子上當，被黃勇殺害並肢解。到了 4 月分，黃勇又殺死了 2 名年輕男子。他還將死者趙某的腳踏車賣掉，所得的人民幣 110 元也被黃勇花掉了。

之後很長一段時間內，黃勇都沒有殺人，直到 7 月分才從網咖騙走了一名正在查高考分數的學生陳某。黃勇告訴陳某，他有辦法幫助陳某提高分數。將陳某騙到家中後，黃勇繼續騙道：「這個『智能木馬』是測試你的反應能力的，你上去試試。」就這樣，黃勇再一次利用「智能木馬」將人殺死。

18 歲的學生馮某與黃勇在一家網咖認識，隨後就被黃勇騙到家中殺害。黃勇殺死馮某後，將他的屍體肢解並埋在了西邊的臥室內。

17 歲的學生秦某是黃勇殺死的最後一個人，他和許多被害者一樣，都是在一家網咖與黃勇認識的，然後就被黃勇騙到家中並殺害。

與普通殺人犯不同，黃勇屬於典型的變態殺人狂，他殺人的唯一動機就是為了滿足自己變態的心理需求。

黃勇自小就生活在一個偏僻的小村莊裡，是一個看起來十分普通的農民，他的父母也是農民，他還有兩個弟弟。在父母和兄弟們的眼中，黃勇是個很好相處的人，就是性格有點內向。黃勇的課業成績不怎麼樣，在小學時還留過級。

黃勇從 10 歲起就迷上了到錄像廳看影片，他對偵破、暗殺類的片子尤其感興趣。黃勇最喜歡一部名叫《浪漫殺手自由人》（*Killer's Romance*）的片子，劇中的殺手就是他的偶像。於是，黃勇就有了當殺手的夢想。

由於性格內向，黃勇並沒有什麼好朋友，他也不可能將心中的想法說給別人聽。從那以後，黃勇每天都沉浸在自己的想像之中。他想像著自己成了影視劇中的殺手，深得人們的敬畏。在周圍人的眼中，黃勇並不是一個喜愛與他人交流的人。黃勇總是獨自一人待著，這樣他就能盡情地沉浸在自己的想像中。後來，黃勇漸漸不再滿足於這種想像，他開始有了殺人的計畫。

黃勇的身材很一般，不高也不壯，他為了讓自己的殺人計畫順利進行，就將一架壓麵條機改裝成了殺人機器。值得注意的是，被黃勇殺害的都是男性。因為在黃勇看來，只有殺男人方能顯示出他的英雄氣概。

對於一個普通人來說，殺人犯是可怕的，像黃勇這樣的變態殺人狂尤其可怕。對於警察來說，變態殺人狂所犯下的案件往往很難破獲。像黃勇所犯下的系列謀殺案，如果不是最後一名幸運兒張某成功從黃勇手中逃脫，可能會有更多的人死在黃勇的手上。

變態殺人狂之所以難覓蹤跡，與他的殺人動機有很大的關係。警方在破案時，除了線索和證據外，通常都會考慮到殺人動機，例如謀財、仇殺、情殺等。有些時候，在沒有線索的情況下，殺人動機往往可以幫助警方尋找到新的線索。但是，變態殺人狂的殺人動機卻非一般殺人犯所能及，他殺人只是為了滿足自己的心理需求。此外，變態殺人狂總是找陌生人下手，這也給警方的破案帶來了困難。

對於變態殺人狂來說，他們最喜歡在殺死被害人之前，折磨被害人。如果被害人表現得越恐懼、越痛苦，變態殺人狂就越興奮。對他們來說，他們不會感同身受，只會從他人的痛苦中感受到快樂。

同情心是我們每個人都具有的一種道德能力，我們會因為他人的痛苦而感到難過。但對於像黃勇這樣的變態殺人狂來說，對同情心很陌生，即缺乏同情心。有了同情心，我們就可以對他人的痛苦和恐懼感同身受。但對於變態殺人狂來說，他們根本不具備這樣的道德能力，不會覺得折磨或殺死一個人是一件多麼殘忍的事情。不少變態殺人狂在殺人時都會覺得興奮，甚至還能體會到性高潮的快感。這對於普通人來說是無法接受的，但變態殺人狂卻不這麼想。

此外，我們還具有內疚的道德能力，這也是變態殺人狂所沒有的。如果變態殺人狂會覺得內疚，那麼他就不會連續作案了。上述案例中的黃勇之所以會放走張某，不是因為覺得內疚，而是因為張某的話是為他考慮的，張某說會為他養老，這或許讓許久都未得到他人關心的黃勇有所觸動了。

連環殺手作案
—— 系列謀殺

1982 年 8 月 18 日，香港灣仔的一家照相館接到了一單沖印照片的生意。當照相館的員工將這些照片沖印好後一看，嚇掉了半條命。這些照片上的內容十分恐怖，都是一些人體肢解的畫面。該員工立刻選擇了報警，警察看過這些照片後覺得很可疑，便決定進行調查。當照片的主人來取照片時，當場拘捕了他。

被拘捕的男子面相非常清秀，時年 27 歲，是個計程車司機，名叫林過雲。當警方來到林過雲的家中時，發現了更多更恐怖的東西。林過雲的家中有 40 捲錄影帶，其中 3 捲都與屍體肢解和姦屍有關。此外，警方還在林過雲的家中發現了許多女性性器官。林過雲對自己所犯下的罪行供認不諱，還帶著警方在銅鑼灣大坑山坡草叢中找到了他隱藏的兩具女屍。

林過雲殺死的第一名女性是個舞廳領班，名叫陳鳳蘭。這是一件曾經困擾了警方很長時間的懸案。陳鳳蘭的屍體是被一家建築公司的工人發現的，工人們在河中工作的時候，意外發現了一個類似人頭的東西，就打撈了上來，結果發現居然是顆已經腐爛的女人頭顱。

警方在接到報案後，立刻趕到河邊，並且開始沿著河流尋找屍體的其他部分。結果警方在一處淺灘發現了被人為切斷的人腿，人腿被包裹在一個照相館的黃色大塑膠袋裡。不久後，死者的手臂也被警方找到了。經過鑑定，警方認為死者就是不久前失蹤的陳鳳蘭。

在接下來的案件調查中，警方排查了所有和陳鳳蘭有關的人，但卻沒有找到絲毫線索。於是，這起恐怖的謀殺案就被擱置下來了。

根據林過雲的交代，陳鳳蘭死於 1982 年 2 月 3 日。那天凌晨，陳鳳蘭剛從舞廳下班，整個人醉醺醺地就上了林過雲的計程車。陳鳳蘭看著林過雲不像什麼壞人，就放鬆了警惕，在林過雲提出帶著她到觀塘等地兜風時，也輕易答應了。

林過雲將陳鳳蘭帶到了自己家附近，並找到一根電線，將沉睡中的陳鳳蘭給勒死了。林過雲將陳鳳蘭的屍體搬到了自己的家中，看著陳鳳蘭的屍體，林過雲突然有了性衝動，於是就開始在屍體上發洩自己的性慾。事後，林過雲拿出照相機，想拍些照片。林過雲決定將屍體擺出他想要的姿勢，但由於屍體已經僵硬了，根本不聽使喚，林過雲只能用膠帶將死者的肢體黏住。拍完照片後，林過雲又拿著 DV 機對著屍體錄影。做完這些後，林過雲就將屍體藏了起來，開始躺在床上回味殺人的興奮感，等興奮感漸漸消散後，他就開始思考怎麼處理屍體。

最終，林過雲決定將屍體肢解後再拋屍，他覺得這樣最安全。第二天一早，林過雲就用從陳鳳蘭錢包裡找到的錢去購買了電鋸。在肢解屍體的時候，林過雲覺得那對乳房十分性感，便先把乳房割下來，然後泡在白酒中，他決定將其收藏起來。此外，林過雲還將整個肢解屍體的過程都用 DV 機錄了下來。

晚上，林過雲將放在袋子中的屍體碎塊搬到了計程車上，並開車到城門河棄屍。林過雲覺得屍體會隨著河流被沖進大海，這樣他殺人的事情就能神不知鬼不覺。但沒想到幾天後，陳鳳蘭的屍體就被在城門河工作的工人們發現了。

1982 年 5 月 29 日，一個名叫陳雲潔的女性在下夜班後坐上了林過雲的計程車。林過雲將車開到一處無人的地方後就停了下來，他說汽車出了毛病得檢查一下。林過雲趁此機會將準備好的匕首和手銬拿了出來，這些都是他在處理完陳鳳蘭的屍體後專程買的。

回到車上後，林過雲用匕首威脅陳雲潔，然後給陳雲潔戴上了手銬。之後，林過雲就用電線勒死了陳雲潔。後來，林過雲將陳雲潔的屍體帶回了家，並開始肢解屍體，同樣將整個過程都錄了下來。林過雲好像對女性的乳房有著很深的迷戀，他在肢解陳雲潔的屍體時，再次刻意將乳房留了下來，並儲藏起來。

完成這些後，林過雲開始思考選什麼地方拋屍。林過雲剛看過和陳鳳蘭有關的新聞，知道城門河已經不是最安全的選擇了。突然，林過雲想到了港島銅鑼灣。這裡屬於高級住宅區，很少有人來。林過雲載著裝進麻布袋的屍體來到了一片山地，將這些麻布袋都扔到了山坡下。

很快，林過雲就看到有關陳雲潔失蹤的報導。林過雲為此還擔心了幾天，但由於警察一直沒有找到線索，林過雲就漸漸放下心來，開始尋找下一個獵物。

1982 年 6 月 17 日的凌晨，在夜總會上班的梁秀雲坐上了林過雲的計程車。林過雲將梁秀雲勒死後，便將她的屍體運回了家，並開始肢解和拍照。由於陳雲潔的屍體一直沒有被發現，林過雲就覺得這個拋屍地很安全，於是將梁秀雲的屍體也扔到了上次拋屍的山坡下。

1982 年 7 月 2 日的晚上，一個名叫梁慧心的 17 歲女學生坐上了林過雲的計程車，當時梁慧心剛參加完謝師宴，並與兩個同學在地鐵站分別。

當計程車開了十幾分鐘後，林過雲就亮出了匕首。梁慧心嚇壞了，以為自己會遭到強姦，於是開始求饒，希望林過雲能放過她。林過雲答應梁慧心不會強姦她，梁慧心沒有想到林過雲是想殺死她。

這一次，林過雲在取走「獵物」的性命前，還和梁慧心聊了一個小時，話題主要涉及學校、家庭、前途和宗教，甚至還有靈魂。林過雲對梁慧心說，他曾和天父接觸過，他是天父專門挑選的殺手。林過雲沒有騙梁慧心，他的確信仰天父，並在一個人時會和天父「擁抱」。

與前三個被害者不同，林過雲對梁慧心的印象十分深刻，他在殺死梁慧心後產生了內疚。在林過雲被捕後，他承認這是唯一讓他後悔的行動，他也不明白自己為什麼會向梁慧心下手。

林過雲被捕後，香港警察替他取了一個「香港屠夫」的外號。如果不是洗照片暴露了罪行，將會有更多的女性死在林過雲的手上。林過雲總會在雨夜下手，他聲稱下著雨的夜晚能讓他感到格外的興奮。

警察透過審訊從林過雲那裡了解到，他原名叫林國裕，有一個非常不幸的童年。林過雲對父親的印象十分糟糕，他的父親在教育他的時候總是很嚴厲，動輒就打罵。有一次，林過雲因為吃飯前沒對家人說「吃飯」兩字，當即就被父親刪了一耳光，還被父親狠狠地撞向牆壁。因此，林過雲與家人的關係非常冷淡。

長大後，林過雲雖然並未從家中搬走，但卻從來不和家人吃飯聊天，總是自己一個人待在房間裡，家人也從來不關心林過雲到底在做什麼。林過雲將陳鳳蘭殺死後，便趁著家人不在家將屍體搬回了自己的房間。林過雲在殺死梁秀雲後，同樣將屍體搬回了家，而且就藏在客廳的沙發下面。這是因為，林過雲的床底下已經藏了兩個人的屍體器官以及裝著照片的盒子、攝影器材，根本藏不下梁秀雲的屍體了。林過雲將屍體藏好後，就假裝坐在沙發上看報紙，等家人外出後，他就開始肢解屍體並拍照。

像林過雲這樣的殺人犯有一個特殊的稱呼，即連環殺手。連環殺手又稱連續殺人犯，會接連不斷地殺人，而且能從殺人中感受到快樂。首次提出連環殺手這個概念的是美國聯邦調查局的特務羅伯特 · 雷斯勒（Robert Ressler），他因為分析連環殺手的心理而名聲大振。

在美國加利福尼亞州沙加緬度北部曾經發生過一起十分恐怖的命案，死者被凶手殘忍地剖開了腹部，案發現場十分血腥和恐怖。當地警方從來沒有遇到過這樣的命案，就跟雷斯勒取得了聯繫。

於是，雷斯勒就為這起凶案的凶手進行了心理側寫，根據凶手的作案手法、時間和地點，推測出了凶手的個性、職業和生活情況。凶手被抓住後，警方發現雷斯勒所做出的推測十分準確。

在雷斯勒看來，在確定一個殺人凶手到底是不是連環殺手時，需要滿足兩個主要特徵，即至少有 3 個人遇害，被害者基本上都是陌生人。

連環殺手之所以會像尋找獵物一樣不停地殺人，很大程度上是因為他們對殺人上癮，從殺死第一個人開始，一段時間不殺人就會十分焦慮。連環殺手在殺人之後，會獲得一種心理上的滿足感，從而可能會暫時回歸正常生活之中，但當這種滿足感漸漸消失後，連環殺手就會想著再次殺人，並最終付諸行動。連環殺手往往只會有兩種結局，要麼被捕，要麼自殺。很少有連環殺手會主動停手。

此外，大多數連環殺手通常都有社交障礙，沒有穩定的人際關係，而且都是單身。例如上述案例中的林過雲，雖然與家人同在一個屋簷下，但卻完全沒有交流，或許他也不知道該怎麼與人交流。

有組織的謀殺 —— 恐怖主義

1995 年 4 月 19 日上午 9 點 04 分，美國奧克拉荷馬市中心發生了一起爆炸案，一聲巨響過後，一座 9 層高的大樓被炸毀了三分之一。爆炸波還危及了周圍的樓房和住宅。在爆炸發生時，大樓裡不少人正在上班。在這座大樓的第二層有個托兒所，許多人都將孩子託付在這裡。

爆炸案發生後不久，救援人員就趕到了。美國聯邦調查局也立刻成立了調查小組，以追捕製造爆炸案的恐怖分子。FBI 認為製造爆炸案的人很可能來自 3 種組織。第一種是國際恐怖主義，很可能與兩年前的世貿中心爆炸案屬於同一組織所為；第二種是販毒組織，利用爆炸報復美國緝毒警，因為美國緝毒警的辦事處就設立在這座大樓裡；第三種是基督法西斯主義組織。

在爆炸發生 90 分鐘後，製造爆炸案的恐怖分子就被抓住了，他是個退伍軍人，曾經參加過波斯灣戰爭，名叫蒂莫西·詹姆士·麥克維（Timothy James McVeigh）。麥克維在製造了爆炸案後就開車逃走，結果被巡警發現他的車沒有車牌，被攔截下來。結果，巡警又在麥克維的汽車上發現了暗藏的武器，巡警覺得他非常可疑，就將他逮捕。

被拘留後，麥克維顯得很不配合，他根本不接受審問，直接提出了要見律師的要求。後來，不少人都得知了爆炸案犯罪嫌疑人被抓的消息，於是都聚集在監獄外面。麥克維知道後，十分恐懼，他擔心自己會遭遇不測，於是就提出了新的要求 —— 穿上防彈背心或用直升機轉移。但這些要求都被拒絕了。

不久後，一個新的犯罪嫌疑人主動投案自首，他就是泰瑞·尼科爾斯（Terry Nichols）。調查人員在搜查泰瑞的住所時，發現了大量罪證，例如製造炸彈所用的原料硝酸銨和起爆雷管以及有關炸彈製造的書籍。

雖然抓住了兩名犯罪嫌疑人，但FBI認為這起爆炸案的幕後主使還未被抓捕。於是，FBI將約旦籍的美國人易卜拉欣·艾哈邁德列為主要嫌疑人。艾哈邁德居住在奧克拉荷馬，而且在爆炸案發生的當天離開了美國前往約旦。在艾哈邁德被捕後他辯解說，他去約旦只是為了看望家人。很快艾哈邁德就被釋放了，FBI透過調查發現艾哈邁德與爆炸案之間不存在任何關聯。而這起爆炸案的主謀早就被捕了，他們就是麥克維和泰瑞。

麥克維與泰瑞是在接受美國陸軍訓練時認識的，他們有著共同的興趣愛好。1993 年，FBI 與大衛教派發生了激烈的衝突，不僅導致 76 人死亡，還使得大衛教派的總部威科鎮的卡梅爾莊園變成了廢墟。

麥克維與泰瑞得知該事件後，十分氣憤，認為聯邦政府處理不當，還專程到卡梅爾莊園紀念了一番。當麥克維看到那片廢墟後就更加生氣，他決定要用一種極端的方式來向聯邦政府表明自己的立場，他認為炸毀一座聯邦建築物是最好的選擇。但後來他卻改變了主意，他認為僅僅摧毀一座建築物簡直是小打小鬧，根本難以引起政府的注意，他覺得死的人越多，就越能向政府表明自己的立場。

接下來，麥克維開始選擇目標大樓，他認為美國槍支及爆炸物管理局、聯邦調查局和美國緝毒局都可以成為他的爆炸目標。

不過麥克維只想炸死政府人員，不想讓更多普通民眾喪生，於是就先排除了位於阿肯色州的大都會國家銀行大廈，因為大廈的一樓有一家花店。

1994 年 12 月，麥克維來到了奧克拉荷馬市，並將艾爾弗雷德 · P · 默拉聯邦大樓當成了自己的目標。

艾爾弗雷德 · P · 默拉聯邦大樓（Alfred P. Murrah Federal Building）是以一位聯邦法官的名字命名的，一共有 9 層高。

在這座大樓裡辦公的政府機構一共 14 家，其中就包括麥克維要報復的對象 —— 美國緝毒局和美國槍支及爆炸物管理局。

其實早在麥克維策劃爆炸案之前，就已經有人盯上了這座大樓。1983 年 10 月，詹姆斯 · 埃里森（James Ellison）和理查 · 斯內爾（Richard Snell）等人就決定在這座大樓前實施一起爆炸，他們決定在大樓前停放一輛小貨車或拖車，然後用火箭彈炸毀。他們幾個人都是白人至上主義組織的創始人。不過這起爆炸並未按時進行，原因是斯內爾因為謀殺罪被判處了死刑，而死刑的執行日期與爆炸案的預定日期是同一天。

麥克維對艾爾弗雷德 · P · 默拉聯邦大樓的設計十分滿意。大樓的大門是玻璃製成的，還有很大的落地窗，這樣就能被炸彈輕易地擊碎，甚至可能在爆炸波的威力下全部摧毀。這樣就能達到麥克維想要的爆炸效果。其次，大樓的附近還有一個寬大的開放式停車場，這能避免大樓附近的住宅受到爆炸的波及。最關鍵的是，麥克維還發現大樓周圍有十分廣闊的空間，拍照的時候非常方便。這樣，他所製造的爆炸就能迅速地被傳播出去，從而引起政府的重視。

接下來，麥克維便和同夥一起搜集製造炸彈所需要的原材料。有些材料麥克維會花錢購買，有些原材料則是從槍支收藏家那裡搶來的，此外他還搶走了價值 6 萬美元的槍支和金銀珠寶。在製造好炸彈後，麥克維還專門進行了引爆實驗，以觀察炸彈的威力，他將引爆地選擇在了沙漠之中，這樣能逃避監控。

最後，麥克維開始挑選爆炸實施的時間，他決定在 1995 年 4 月 19 日這天引爆炸彈，因為這天既是威科慘案兩週年，還是列星頓和康科德戰役的 220 週年，他覺得意義非凡。就這樣，一場震驚美國和世界的恐怖襲擊發生了。恐怖主義所造成的危害十分巨大，而且受傷害的都是普通的無辜民眾。

恐怖分子之所以要製造恐怖襲擊，就是為了打擊政府，他們的目標也是以政府為主。恐怖分子通常有兩種動機，一種是贏得支持者，另一種則是達到恐嚇、威脅的目的。

恐怖主義被分為3種類型，即演示式、破壞式、自殺式。

- 演示式恐怖主義的主要目的並不是帶來破壞或是造成人員傷亡，只是為了得到大眾的關注和支持。因此，此類恐怖分子一般會採取挾持人質、劫機、事先預報的炸彈襲擊等方式來達到自己的目的。
- 破壞式恐怖主義的主要目的是威脅和獲得支持，因此恐怖分子會對特定人群下手，從而爭取其他人群的支持甚至是同情。
- 自殺式恐怖主義是最為激進的一種，為了製造恐怖襲擊甚至不惜搭上自己的生命。自殺式恐怖主義並不常見，最著名的就是美國「911 恐怖襲擊事件」。

2001 年 9 月 11 日，美國發生了一起嚴重的恐怖襲擊，來自中東的恐怖分子劫持飛機並撞毀了世貿中心和五角大樓，不僅造成了 3,000 餘人喪生，還給美國帶來了嚴重的經濟損失，被認為是發生在美國領土上的最嚴重的恐怖襲擊。

「911 恐怖襲擊事件」發生後，美國總統小布希從眾議院那裡獲得了對恐怖分子實施武力的授權，而民意調查也顯示，90%的民眾支持總統發動反恐戰爭。整個美國各地的軍隊都進入了最高的戒備狀態。

參與「911 恐怖襲擊事件」的恐怖分子根本就沒考慮過後路，他們來到美國就是為了執行任務和送死。這些恐怖分子來自於一個恐怖主義組織蓋達，蓋達組織的領袖就是奧薩瑪·賓·拉登。不過，塔利班卻聲明這次恐怖襲擊並非賓拉登所為。對此美國政府當然不相信，依舊將賓拉登定為恐怖襲擊的頭號嫌犯。

賓拉登是個傳統而激進的穆斯林，信仰伊斯蘭教。在賓拉登及其組織成員看來，美國所宣導的文化與伊斯蘭傳統的文化、生活方式完全背道而馳。

在這樣的情形下，賓拉登建立了一個恐怖主義組織，該組織所宣揚的口號就是進行一場反美聖戰。該組織的成員十分激進，根本不會考慮自己的後路，因為他們相信自己的死亡是為了殉教，將來一定能升入天堂。

透過「911恐怖襲擊事件」所造成的後果及其影響，可以得知自殺式恐怖主義是所有恐怖主義當中最危險的，恐怖分子利用這種兩敗俱傷的方式製造出了最嚴重的恐怖襲擊。

第四章

親密愛人另一面——家庭暴力

當愛人變敵人
—— 家庭暴力初始

在中國陝西女子監獄中，有一個名叫蔣某的女犯人，她已經服刑 7 年了，因故意殺人罪被判處了無期徒刑。蔣某殺的人是她的丈夫，她既是行凶者，也是受害者。

蔣某本是一名兒科醫生，她與丈夫是在醫院認識的，之後兩人互有好感，便談起了戀愛。蔣某與丈夫談了 7 年戀愛後，終於走進了婚姻的殿堂，她本以為會從此過上幸福快樂的日子，但沒想到，從 2004 年起她的噩夢就開始了。

2004 年的某一天，蔣某的手機突然接到了一個陌生號碼傳來的簡訊。這是一條充滿了曖昧言語的簡訊。起初蔣某並未放在心上，但沒想到丈夫看到這條簡訊後，對蔣某產生了懷疑，不論蔣某如何解釋，他都不相信。於是，蔣某就忍不住與丈夫發生了爭吵。

爭吵中，丈夫突然對蔣某動了手，這讓蔣某又害怕又吃驚。這是蔣某第一次遭遇家暴，同時也是她噩夢的開始。丈夫打完蔣某後，立刻表示後悔，他不停地向蔣某認錯，聲稱自己是無意的，是被氣急了才會動手的，並且還保證從此以後絕不動手。

之後的一段時間內，蔣某過上了平靜的生活。但夫妻畢竟生活在一起，很容易因為一些瑣事發生爭吵。每當蔣某與丈夫發生爭吵後，丈夫就會拿幾年前的那條簡訊翻舊帳，而且吵著吵著就會對蔣某動手。

再也無法忍受的蔣某決定逃離這樣的家暴生活，她想到了離婚，但丈夫根本不同意，還威脅蔣某。蔣某也曾想過向單位的婦聯尋求幫助，但都無濟於事。

漸漸地，蔣某不敢回家了。丈夫對於蔣某而言，不再是浪漫的愛人，而是成了一個罪犯，隨時可能給蔣某帶來傷害。蔣某每天都生活在恐懼之中，她不知道什麼時候丈夫的拳頭就會落到她的身上，甚至害怕自己會死在丈夫手裡。

最後，蔣某將所有的希望放在了娘家身上，她希望親人能幫助她脫離苦海。蔣某的丈夫好像知道了她的想法一樣，每天都對她嚴加看管，不給她一點求救的機會。有一次，蔣某得到了一個千載難逢的機會，她趁著丈夫不注意準備逃走，但當她打開門後，丈夫卻突然出現了，而且還用刀抵著蔣某的後背。這讓蔣某十分恐懼，她質問道：「是不是只有我死了，你才會放過我。」丈夫威脅道：「妳還有姐姐和父母，到時候我將他們一塊兒炸死！」

丈夫的威脅徹底將蔣某逼上了絕路，她開始變得絕望起來，她既想脫離這種困境，又害怕丈夫會傷害她的家人。走投無路之下，蔣某想到了一個辦法，她覺得只有丈夫死了，她才可以獲得解脫，家人才能安全。於是，蔣某就殺死了丈夫。而她自己也因此付出了沉重的代價，被判處無期徒刑，餘生都將在監獄中度過。

夫妻本是一種十分親密的關係，但在家庭暴力中，常常會出現攻擊愛人的現象。在上述案例中，我們可以發現一種十分矛盾的現象，愛似乎與暴力共生了，尤其是在蔣某第一次遭遇家暴時。

在許多人看來，暴力是不可能與愛共存的。但在家庭暴力中，這種矛盾卻常常會出現。除了夫妻之間的家庭暴力外，親子間的家庭暴力也非常常見，而且這種家庭暴力往往有虐待兒童的影子。不少父母為了望子成龍或望女成鳳，會在子女出現錯誤時進行處罰，甚至會拳腳相加。而且，我們還有「棍棒底下出孝子」的傳統觀念。

當丈夫毆打妻子時，他使用了暴力。可是在事後，卻會出現悔過的情況，丈夫會懇求妻子原諒他。在許多案例中，妻子在第一次遭遇家庭暴力時都會選擇原諒丈夫。一些深受家庭暴力傷害的女性會選擇容忍，因此這種被摻入了家庭暴力的婚姻也能維持很長時間。這些女性之所以沒有選擇離開丈夫，其中有許多因素。最重要的兩個因素就是為了孩子和自身受教育程度低。

汪某是典型的為了孩子忍受家庭暴力的女性。

汪某受過高等教育，畢業於一所著名的大學。在畢業後，汪某就留在老家當歷史老師。

兩年後，汪某結婚了。汪某的收入雖然比丈夫高，但每次用錢都得跟丈夫要，因為丈夫管著她的薪資。最讓汪某難以忍受的是，愛打牌的丈夫每次輸錢後，都會拿她出氣。起初丈夫只是對汪某拳打腳踢，後來就隨手抄起擀麵棍、鞋或皮帶毆打汪某。

被毆打的次數多了，汪某怎麼求饒都沒用，就只能央求丈夫不要打臉，因為汪某不想讓同事和學生知道。為了掩蓋身上的傷，汪某總是把自己捂得嚴嚴實實的，即使在炎炎夏日也從不穿短袖衣服。

汪某也曾想過求助，但她在當地並無親人，她的父母都在外地工作，弟弟妹妹也都在上學。最讓汪某難以忍受的並不是疼痛，而是不知道什麼時候會挨打，面對喜怒無常的丈夫，汪某每天都生活在提心吊膽中。有一天晚上，汪某正在睡覺，突然被驚醒了，因為輸錢回家的丈夫心情很不好，就直接跳到床上，穿著皮鞋踩汪某的臉。後來，丈夫把床都給跳塌了。就算這樣，丈夫還是沒有放過汪某，將摔在地上的汪某毆打了一頓。

離婚這樣的念頭，汪某想了不止一次，但只要想到孩子，她就退縮了，她想給孩子一個完整的家。有一次，汪某在挨打後下定決心要和丈夫離婚，於是就到法院起訴，但這項離婚申請卻被駁回了。丈夫得知後，哭著求汪某，還寫了保證書。看到痛哭流涕的丈夫，汪某選擇了原諒，她覺得為了孩子還是要忍耐下去。不過這種悔改只是暫時的，丈夫一不順心還是會毆打汪某。汪某在忍無可忍的情況下，殺死了丈夫。

在夫妻之間的家庭暴力中，可能出現兩種情況。第一種十分常見，即丈夫毆打妻子。而第二種情況則比較少見，即妻子虐待丈夫。在不少家庭暴力的案例中，丈夫都會有相當充足的理由去毆打妻子。雖然有些施暴的丈夫會出現悔過或道歉的行為，但很少是出自真心的，而且很容易再次施暴。有些施暴的丈夫甚至從來不會悔過，不僅否認施暴的事實，還會給自己的施暴行為找藉口。

張某來自一個貧窮的農民家庭，沒有受過什麼教育，她的母親很早就過世了，她和 4 個姐妹是由父親獨自一人帶大的。到了適婚年齡時，張某經人介紹後結婚了。張某是個沒主見的人，她其實並未看上要結婚的丈夫，甚至一看到他就害怕。不論怎樣，張某還是嫁給了這個男人。

婚後的生活對張某來說十分痛苦，她不僅得忍受來自丈夫的辱罵，還要忍受丈夫的拳頭。張某也曾想過求助，但她不知道誰能幫助自己。有一次，張某將自己被打的事情告訴了弟媳。丈夫得知後，十分生氣，就將張某捆起來打了一頓。這樣一來，再也沒人肯幫助張某了，張某自己也不敢再求救，不然就會招致更加嚴重的毆打。

張某開始認命了，她希望能熬到孩子長大，這樣她就解脫了。可是讓張某更加難以接受的是，丈夫不僅毆打她，還會打孩子。有一次，張某覺得生無可戀了，就喝下了一整瓶老鼠藥，她想透過死亡來獲得安寧。結果，鄰居及時發現了張某的行為，並將她救了下來。

張某最後一次挨打是在父親去世一週年的日子，那天中午吃過飯後，丈夫將張某拖到院子裡毆打她，打得她鼻子流了許多血。到了晚上，張某在替丈夫加熱飲料時，往裡面倒進了一瓶安眠藥。到了半夜，丈夫突然甦醒，並掙扎著喊救命。張某沒有給他求救的機會，她不知哪來的勇氣，直接騎在了丈夫身上，一隻手死死地掐住了丈夫的脖子，另一隻手則抓住了一張板凳並用力砸向丈夫。最後，張某將丈夫打死了。死者的身上都是血，就連地上和牆上也到處是血跡。平靜下來後，張某選擇了自首，她被判處 15 年有期徒刑。監獄的生活對於張某來說反而是平靜而安全的。

有些女性因為受教育程度低，在遭受家暴時不知道該怎麼尋求幫助，例如上述案例中的張某。此類女性受害者還在經濟上依賴丈夫，就像張某一樣，沒有什麼技能，也沒有外出工作的機會。

此外，有些女性在被家暴後不敢尋求幫助，她害怕丈夫會報復自己的家人，於是只能選擇隱忍。最後通常只會有兩種結局，要麼被丈夫毆打致死；要麼奮起反抗，將丈夫殺死。

施暴者與受害者
—— 暴力二維度

2016 年 11 月 15 日中午，福建省莆田市一戶居民家發生了糾紛。一對老夫婦撥打了報警電話，他們告訴警察自己的女兒小分被婆家關了起來，打電話也不通，他們很擔心女兒會受到傷害。這對老夫婦希望警察能強行讓小分婆家將小分放出來。但警察卻以普通夫妻糾紛為由拒絕了。

此時此刻的小分正處於水深火熱之中。小分趁著丈夫不注意，跑到房間窗戶處朝樓下大喊：「孩子被抱走了！」丈夫聽到後，立刻從房間外衝進來，將窗戶關上，然後開始施暴。

婆婆看到小分挨打，不僅沒有阻攔，還充當了幫凶，幫助施暴者掐住小分的脖子，並不停地擊打小分的頭部和腹部。小分在頭部受到重擊後，就開始變得迷迷糊糊起來，根本感覺不到自己到底被毆打了多長時間。而小分的電話則被丈夫摔碎在地，SIM 卡也被扔到了水裡。

幾個小時後，小分的父母終於見到了女兒。此時的小分已經沒有了意識，根本走不動路了，是由婆婆和丈夫攙扶著下樓的。當即，小分的父母就上前責問道：「你們家暴我女兒！」對此，丈夫和婆婆立刻否認。很快，小分就搭乘警車到醫院接受治療。

被家暴的小分還是個剛剛產後 8 天的產婦。小分在 2016 年 2 月分與丈夫領取了結婚證，不久後便順利懷孕，5 月分辦了婚禮。按理說，小分的婚姻生活應該是幸福美滿的。但讓小分不能接受的是，她的婆婆用三從四德的要求來管她，不僅不讓小分與朋友往來，就連父母也只能偶爾探望。對此，小分提出了異議，她覺得這樣不合理。小分因此引起了公婆的反感以及丈夫的拳腳相加。有時候，小分被家暴時，公婆也會出手幫助丈夫一起施暴。

2016 年 7 月，小分再次與公婆、丈夫發生了爭執。這次丈夫不僅教訓了小分，還打電話給小分的父母，讓他們把小分領走，甚至對小分父母出言不遜。公婆不僅不覺得兒子這樣做是不尊重長輩，甚至還覺得兒子可以理所當然地教訓岳父母。

第二天，小分婆婆向她提出了一個更過分的要求，婆婆竟然讓小分去墮胎，並且承諾會幫小分坐小月子。小分自然不同意，她已經懷孕將近 5 個月了，她很想把孩子生下來。於是，小分就決定回娘家。在收拾東西的時候，小分突然發現自己保險箱的鑰匙不見了。無奈之下，小分只能收拾了一些衣物就回家了。

回到娘家後，小分就開始想離婚的事情，她覺得自己雖然決定離婚了，但還是要把孩子生下來，然後自己撫養。不過，小分覺得還是等孩子生下來再辦理離婚手續。但小分萬萬沒想到，婆家居然主動找上門來了，還要求小分將聘金、首飾退還。

11 月 7 日晚上，小分在醫院分娩出了一個健康的男嬰。這個時候，婆家一家人出現在了醫院，他們是來要孩子的。小分的丈夫對待妻子的態度顯得非常冷漠，似乎根本不在意剛生產完畢的妻子，公婆也只關心自己的孫子。

在醫院休養期間，小分在大家的勸說下，決定出院後帶著孩子回婆家，她覺得既然孩子已經出生了，就和丈夫好好過日子。於是在婆家提出要孩子的出生證明和小分的身分證時，小分沒有猶豫就給了。

11 月 12 日，小分在辦理完出院手續後，就和丈夫一起回了婆家。兩天後，婆家提出要替小孩報戶口，並讓小分拿出戶口本 [004]。小分當即與父母取得聯絡，但由於她的父母當天有事，並未將戶口本送過去。這點小事再次激化了小分與婆家的矛盾，當天晚上 10 點左右，丈夫揚言要把小分趕出

[004]　類似於臺灣的戶籍謄本。

去，還提出要小分爸爸下跪道歉的過分要求。小分沒有與丈夫爭吵，只是默默地打了通電話給娘家，希望明天父母來接她。於是第二天，就發生了開頭的一幕暴行。

在家庭暴力中，丈夫毆打妻子的事情時有發生，那麼丈夫為什麼要毆打枕邊人呢？這與一個人的認知有著很大的關係，如果一個男人深受男性至上主義的影響，那麼就非常可能將妻子看成是自己的所有物，從而不懂得尊重妻子，容易發生在與妻子爭吵時被激怒，從而對妻子施暴的情況。

在傳統的社會中，男性的權力要遠遠高於女性，女性完全依附男性而生活，因此即使有男人毆打妻子，也只是家務事，很少會被處罰。在這樣的社會中，男性更容易出現毆打妻子的情況。如今的社會雖然提倡性別平等，但還是有不少男性存在男性至上主義的想法，而有這樣想法的男性比主張性別平等的男性更容易毆打妻子。

當然僅僅用男性至上主義的認知來解釋家暴現象是不夠的。習慣性毆打妻子的男性通常都是現實中的失敗者，會受到貧困或失業的困擾。對於男性來說，失業是一件十分嚴重的事情。一個男人如果失業了，他就會感受到一種前所未有的挫敗感，他會擔心妻子離自己而去，會擔心自己無法繼續撫養孩子。為了消解這種挫敗感，有些男人會染上酗酒或吸毒的惡習，從而導致自己的行為失控。

如果此時，這些男人再受到男性至上主義的影響，那麼就極有可能會向妻子施暴。因為在這些男人的心中，他要用暴力的手段來控制妻子。因此，窮困或失業的男人更容易出現家暴行為。但這並不是說，家庭暴力只會出現在窮人家。雖然不少家暴案例都發生在貧困家庭，但調查顯示不少中產階級的家庭中也會有家庭暴力。

如果一個男人有男性至上主義的想法，除了會毆打妻子外，還很容易出現婚內強姦的家庭暴力行為。性生活是夫妻生活的重要組成部分，尤其是對於年輕夫婦來說。在許多人看來，婚內強姦很難定性，因為這畢竟是人家夫妻兩人的私生活。但大多數婚內強姦都伴隨著暴力。

麗麗（化名）是中國甘肅省平涼市某村的一個農民，她在 2003 年經人介紹與同鄉的男子馬某結婚了。婚後不久，馬某就開始因為一些瑣事毆打麗麗。在婚後的第 28 天，馬某在提出與麗麗發生性關係的要求後，遭到了麗麗的拒絕，麗麗對他說自己的身體不舒服。馬某很不滿，就開始毆打麗麗，隨後強行與麗麗發生了性關係。

之後的幾天內，麗麗回了娘家。馬某因此很生氣，並責備麗麗不想與他好好過日子，在將麗麗強行帶回家後，再次毆打麗麗。

2004 年 6 月 26 日的晚上，馬某因為一些瑣事與麗麗發生了激烈的爭吵，並強行與麗麗發生性關係，麗麗堅決拒絕。到了早上 6 點，憤怒的馬某將麗麗捆綁住，並用毛巾塞住她的嘴，然後用刀片在麗麗的臉上割，每割一下，馬某就問麗麗：「妳愛我嗎？妳恨我嗎？」隨著臉上的傷口越來越多，麗麗滿臉是血，不久後麗麗就昏了過去。等麗麗醒來時，她已經身在醫院，是她的父親將她送進醫院的，但為時已晚，麗麗已經毀容了。

婚內強姦與毆打妻子一樣都屬於家庭暴力。向妻子實施強姦的丈夫通常認為，妻子有義務和丈夫發生性關係，只要他有需求，不管妻子的意願如何，他都可以與妻子發生性關係。婚內強姦之所以常常伴隨著暴力，就是因為丈夫在被妻子拒絕後，很容易惱羞成怒，於是就毆打妻子，讓妻子屈服於自己。

此外，有些丈夫在懷疑妻子背叛自己時，也很容易進行婚內強姦，並將這種方式當作是對妻子的懲罰。

作為家庭暴力的受害者，妻子在被丈夫毆打後，除了要忍受身體上的傷害外，還要承受來自精神上的傷害。因此家庭暴力的受害者很容易產生創傷後壓力症（PTSD）。創傷後壓力症是心理學上的一個專業術語，通俗來說就是心理創傷沒有痊癒，反而成為一種影響生活的心理障礙。

每個人的心理承受能力都具有一定的彈性，如果超出了一個人的承受範圍，那麼這種彈性就會消失。人是一種樂觀的動物，總會對未來抱著積極的幻想。人同時還擁有高自尊，即使在外界條件非常消極的情況下，也會安慰自己，從而維護自己的自尊。但如果一個人無法從心理創傷的陰影中走出來，那麼就會喪失自尊，會對未來的生活喪失信心。而受到家庭暴力傷害的人就會出現上述的情況，不僅沒有尊嚴可言，還每天都生活在恐懼之中。因此家庭暴力的受害者更容易變得沮喪，不愛與人往來，甚至將自己與外界隔離起來。

以愛之名的殺害
—— 虐待兒童

胡某是看守所中的一名女犯，她因涉嫌過失致人死亡罪而被拘捕，至今她依舊沒有從殺人的陰影中走出來，每天都生活在悔恨中，因為她殺害的是自己的親生兒子。

胡某來自一個農村家庭，教育程度不高，在跟隨父母工作後認識了一個在磚瓦廠工作的男人張某，然後胡某就開始和張某同居，兩人雖然並未登記結婚，但卻像許多普通的夫妻一樣生了孩子。

雖然胡某已經為張某生下了兩個兒子，但她對這段感情並不滿意，張某總是在外面惹是生非，為此兩人沒少發生爭吵。期間，胡某還試圖透過喝農藥來威脅張某，但張某依舊不思悔改。後來，張某因為盜竊罪被判了刑，並在監獄裡待了一年。出獄後，張某依舊到處惹是生非，胡某根本勸不住他。而且，張某還養成了打女人的習慣，稍不順心就拿胡某出氣。

幾年後，胡某決定離開張某。因為兩人並未登記結婚，所以在分手的問題上有許多因素糾纏不清。最終，胡某要到了一個孩子的撫養權，這個孩子是她的小兒子，名叫小逸。

不久後，胡某就在一家服裝廠找到了一份工作，並讓小逸在附近的一所小學讀書。胡某每天都要工作，所以小逸大部分時間都由外婆照顧。後來，胡某認識了一個新的男人，兩人很快就登記結婚了。此後，小逸就開始和外婆生活在一起。

小逸的外婆為了貼補家用，每天早上都會到鎮上賣菜，並將賣菜用的零錢都裝在一個鐵皮盒子裡。最近一段時間，外婆幾次發現鐵皮盒子裡的錢少了，她開始懷疑起小逸來，不過她害怕冤枉小逸，並未告訴其他人。

有一次，小逸趁著外婆家沒人時，就偷偷拿走了兩個大塑膠桶，這是外婆向他人借的，而且價值人民幣一百多元，而小逸則將塑膠桶賣了 6 塊錢。事後不久，鄰居就將這件事告訴了小逸的外婆。外婆本想好好教育小逸一番，但沒想到小逸居然離家出走了。

一段時間後，小逸回來了，原來他離家出走是去了生父家裡，在那裡住了幾天後就被哥哥送了回來。胡某開始重視起小逸的教育來，和丈夫商量後，就將小逸接到自己身邊進行管教。小逸在母親身邊生活得不錯，胡某總會帶著他買好吃的或去遊樂園玩。

一天，胡某在繳電話費的時候，發現帳單中莫名地增加了 80 元的聲訊費。

胡某很奇怪，就問丈夫這 80 元聲訊費是怎麼回事，丈夫也不知道。於是，胡某就打電話詢問。客服人員解釋說，這 80 元聲訊費是兒童在看電視時打電話參與各種活動所繳的費用。胡某便開始懷疑是小逸所為，但她並未聲張。

晚上，胡某就和小逸商量著第二天一起去照相館拍照，順便到處逛逛。第二天早上，胡某因為貪睡晚起了一會兒。等她醒來後，發現丈夫已經離開了，家裡只有小逸在。胡某沒有在客廳看到小逸，就到處尋找小逸的身影，結果卻發現小逸在婆婆的屋子裡，而且鬼鬼祟祟地不知道在幹什麼。於是胡某就問小逸在做什麼，小逸沒說話。

胡某突然想起來，幾天前聽公公說親戚家丟了東西，她還想到了那 80 元的聲訊費。於是胡某就開始質問小逸，小逸怎麼都不承認。在胡某的不停逼問下，小逸開始低頭哭泣。胡某的火氣一下子就被激發出來了，她隨手拿來一根竹竿，開始朝小逸的屁股上打。

起初，胡某只是想教訓一下小逸，並沒想真打，於是一直控制著自己的手勁。胡某在等小逸道歉，只要小逸認個錯，並且保證以後不再隨便拿東西，胡某就會原諒他。結果小逸不僅不承認錯誤，還邊跑邊喊：「妳打死我吧。」

胡某的火氣因此變得越來越大，她抓住小逸後，不停地拿著竹竿打小逸，就連竹竿斷了也不知道。不一會兒，胡某感覺小逸好像不掙扎了，便停下來看看小逸怎麼了，誰知小逸突然沒了反應，一動也不動。胡某立刻有了不祥的預感，就趕緊打電話給丈夫。丈夫回到家後，看到情況不妙，立刻撥打了 110 和 120。

最終，小逸因搶救無效死亡了。導致小逸死亡的原因是機械性窒息（mechanical asphyxia）。原來，胡某在看到小逸一直躲著她的竹竿後，就用力拉小逸的衣服，她不知道小逸的頸項部已經被衣服勒住了，因此才導致了窒息死亡。

小逸死後，胡某沒有一天不是後悔的，她不斷地從自己身上找原因，她覺得就是因為自己疏忽了對小逸的教育，才導致小逸染上了偷東西的壞習慣。

提起虐待兒童，我們通常都會想到病態的家庭。對於絕大多數的父母來說，愛孩子都來不及，更談不上虐待。但病態的家庭畢竟是少數，虐待兒童的現象卻時常發生，這是因為普通家庭總是以愛的名義去體罰孩子。

教育孩子是每對父母應該履行的責任，但如果孩子犯下嚴重的錯誤，父母通常會採用極端的方式進行教育，例如常見的體罰。在不少父母看來，體罰是一種稀鬆平常的教育方式，既不犯法，也合情合理，因為畢竟父母的出發點是為了孩子好。但當父母去體罰孩子的時候，很容易發展成為虐待，例如上述案例中胡某在教育兒子時，就出現了虐待。而且調查顯示，贊同體罰教育的父母更容易出現虐待兒童的情況。

在孩子的教育問題上，溝通十分重要。如果父母與孩子之間的溝通存在障礙，就會加劇親子之間的矛盾。一方面，孩子根本不服從管教，會輕易惹惱父母。另一方面，父母因為缺乏溝通，不了解孩子的真實想法，會覺得教育孩子是件十分困難的事情，從而倍感壓力。這種壓力往往會以毆打孩子的方式發洩出來。像上述案例中的胡某，她覺得自己對兒子很好，不僅將生活用品都替兒子準備好，還會定期給兒子零用錢，她想不通兒子為什麼還要去偷錢。

此外，成年人所面臨的社會和經濟壓力也會導致其虐待兒童。如果一對父母每天都被窮困、失業等問題所困擾，那麼勢必會產生巨大的壓力。這時，如果壓力能在親朋好友的開解下得以釋放，那麼通常就不會出現虐待兒童的現象。但如果父母根本找不到合理宣洩壓力的管道，那麼虐待兒童就會成為其釋放壓力的方式。例如一位父親剛剛失業，當他正在為找工作煩惱的時候，突然得知兒子闖禍了，那麼他毆打兒子的機率將會大大增加。

當然，這種普通家庭虐待兒童的現象畢竟還是少數的。對於父母來說，孩子畢竟是自己基因的延續。虐待兒童的現象經常發生在重組家庭中，也就是說虐待兒童的人很多都是繼母或繼父，和兒童血緣關係較遠或者沒有血緣關係的人，例如我們經常看到的幼稚園老師虐待兒童的新聞。

2012年5月6日晚上，中國陝西省平順縣的一家醫院搶救了一個名叫申某的7歲女孩。申某被送到醫院時，已經全身冰涼。經過檢查，醫生發現申某已經死亡了，而且渾身上下傷痕累累。

申某的蹊蹺死亡引起了平順縣公安局的懷疑，於是第二天公安局申請司法鑑定中心對申某進行死亡鑑定。鑑定結果顯示，申某死於因鈍性暴力導致的腸管破裂和腹腔感染。對此，申某的繼母李某負有不可推卸的責任。

申某在10個月大時，父母就離婚了，她一直由奶奶帶大。後來，申某的父親申某剛再婚了，她也因此被迫和繼母李某生活在一起。李某不僅脾氣火爆，還經常虐待申某，申某不僅挨過針刺、錐扎，還被迫手攥火球，至於拳打腳踢對申某來說已經是家常便飯了。而且屍檢結果顯示，申某的外陰和臀部都有傷痕，就連小指也被人為地割掉了一截。

申某的奶奶知道孫女的遭遇後，就主動找到李某，希望她能善待孩子，還提出要把申某領走，但卻遭到了李某的一頓痛罵。申某剛自然也知道女兒受虐待的事情，但卻並未放在心上，後來申某剛便到外地工作，對女兒的事情就更加不上心了。申某的生母在得知女兒的遭遇後，很想將女兒的撫養權爭取過來，但由於懷孕坐月子而耽擱了。

平順縣實驗小學是申某就讀的學校，她的老師在得知孩子的遭遇後十分痛心，就專門到家中勸說李某不要虐待兒童，並且告訴李某如果再繼續下去，就要向婦聯請求保護。李某卻說：「婦聯也管不住我教育女兒，就算她死了我也不會判死刑。」

2012年4月29日的晚上，李某因為心情不好再次毆打申某，這次她打傷了申某的腹部，申某開始出現了嘔吐等症狀。李某以為申某只是中暑，只讓她吃了點緩解中暑症狀的藥物。

6月17日的下去，李某外出辦事，於是就將申某和自己的兒子鎖在了家中。等到晚上她回來時，申某就躺在床下，她過去摸了摸，發現申某的身子已經涼了，於是趕緊打急救電話，還通知了申某的大伯。可惜為時已晚，花朵一樣的孩子就這樣凋零了。

在許多神話和童話故事裡，繼母基本上都是邪惡的化身，例如灰姑娘的故事。但現實遠遠比童話更加殘酷，申某經歷的一切遠遠比灰姑娘更加悲慘和可怕。其實除了繼母之外，繼父虐待兒童的情況也不少見，有些繼父甚至會出現殺死繼子、繼女的情況。此外，繼父還有可能會性侵繼女。而性虐待也屬於虐待兒童的一種，帶給兒童的心理創傷比毆打更嚴重。不少遭受性侵害的兒童都會出現強烈的羞恥感。這種心理創傷會延續到兒童長大成人後，並且會對他們的性關係和婚姻產生消極影響。

對於大多數人來說，兒童被生母虐待的情況基本上是不可能發生的，畢竟虎毒不食子。但如果一名女性年紀輕輕就未婚生子，再加上沒有穩定的經濟來源，那麼她虐待自己孩子的機率就會大大增加。

如何決斷？
—— 家庭暴力致死

2014 年 3 月 21 日晚上，中國湖南永州市零陵區警察局接到了一個報警電話。報警人聲稱，有拾荒者在瀟水河大西門碼頭撿到一個白色纖維袋，袋子裡面裝著十分恐怖的肉塊。

警局最近總是接到類似的報案，不過那些袋子裡裝的都是些死豬死狗之類的肉塊。但這次當警察趕到現場一看，馬上確定袋子裡的肉塊屬於人類，因為有的肉塊很大，一看就是一個成年男子的軀幹。

屍檢結果顯示，死者的確是一個成年男性，而且體格十分健壯，年齡在 50 歲左右，已經死亡了 5 ～ 6 天。法醫並未在屍體上發現明顯外傷，但死者的頭部和雙腿都被人為地砍掉了。

警方在破案的時候，決定從拋屍者入手，於是就開始調取相關路段的監控錄影，希望能從影像中找到可疑人物。經過許多天的努力，警方終於發現了一個在凌晨時分出現的可疑人物，這是一名女性，在 3 月 17 日的凌晨出現在瀟水河邊，最關鍵的是她還用拖車拖著一些白色的物體，而發現屍體的裝屍袋就是白色的。

很快，影像中可疑女子的身分被確認了，她姓鄭，與死者關係十分密切，死者周某是她的丈夫。而且根據警方的了解，周某在 3 月 16 日就消失了，手機也未留下任何紀錄。這樣，這名鄭姓女子就成了本案最大的嫌疑人。

4 月 13 日，警方在搜查鄭某的住所時，發現了死者周某的頭部。這下就坐實了鄭某的殺人事實，於是鄭某被警方帶走了。

審訊過程中，鄭某承認自己的確是殺害周某的凶手，但同時她也是一個常年受到家庭暴力的受害者，她經常會遭到丈夫周某的毆打和虐待。

2014 年 3 月 15 日晚上，周某喝得醉醺醺的回家了。到家後，周某開始找碴，起初只是辱罵鄭某。鄭某看到他喝醉了，並未計較，還替周某倒了一杯開水。周某不僅不領情，還責怪鄭某想毒死他，於是周某就隨手抄起一根鋼管開始毆打鄭某。鄭某一邊挨打一邊心生怨恨，她覺得自己已經忍受了十多年的家庭暴力，實在忍受不了了，於是就從周某手中搶走鋼管，並用力敲向周某的頭部。最終，周某被鄭某打死了。

周某死後，鄭某開始肢解屍體，她將屍體肢解成了三部分，即軀幹、雙腿和頭部。3 月 18 日，鄭某將屍體的軀幹和雙腿裝進了一個白色纖維袋裡，並在凌晨時分將裝著屍體的袋子扔到瀟水河中。至於死者的頭部則被鄭某留在家中，她害怕有人認出死者。一場家庭暴力釀成的慘劇就這樣發生了。

女性遭受家庭暴力摧殘的現象在社會中十分常見，不論是哪個國家都會存在。不少女性不僅會遭到丈夫的毆打和強姦，甚至還要遭受來自丈夫的心理虐待。遭受家庭暴力的女性本來就自尊心低，如果丈夫再對其進行心理虐待，例如當著親朋好友或眾人毆打或辱罵妻子，那麼就很容易患上創傷後壓力症，從而長時間都處於恐懼和沮喪之中。這時候，這些家庭暴力的受害者就很有可能會轉變成殺人凶手，即殺死一直向她施暴的丈夫。例如在一起家庭暴力殺人案中，張某因為長期受到丈夫的毆打和強姦，憤然殺死丈夫後還連刺了 40 多刀，最後還割掉了他的生殖器。那麼在此類案件中，法律都是如何決斷的呢？

果某是個家庭暴力受害者，她自從嫁給丈夫劉某後就一直飽受毒打。每次挨過打後，果某還會被丈夫威脅，如果她敢離婚，丈夫就會殺死他們的兒子和果某的父母。在果某實在忍受不了的時候，曾經向當地村委會和婦聯尋求幫助，有時候甚至會報警。劉某因此受到了多次行政處罰。但劉某卻絲毫沒有悔改之心，稍有不順就會毆打果某。

2015 年，忍無可忍的果某向法院提起離婚訴訟。但不久果某就撤訴了，因為她再次受到了劉某的威脅。劉某不僅僅用語言威脅果某，還真的做出傷害果某家人的事情來。有一次，劉某就把果某的父親給捅傷了。而且劉某還有酗酒和吸毒的惡習，果某絕對相信劉某會做出不計後果的事情來。

一次，劉某再次持刀威脅果某和她的父母，他以為果某會像以前一樣繼續向他屈服，但是果某卻選擇了反抗，她從地上撿起一根木棍朝劉某的頭上打去。劉某的頭部在遭受多次擊打後便倒地身亡了。果某平靜下來後，撥打了110報警電話，她決定自首。

果某知道自己接下來將會面臨嚴厲的懲罰，但好在她以及家人的噩夢結束了，再也不會有人威脅她和家人的人身安全了。果某的家人知道劉某被殺的消息後，都十分擔心果某，並且希望法院能考慮劉某家暴在先的情況，從而判得輕一點。

2016年11月11日，法院宣布了審判結果：被告人果某犯故意殺人罪，判處有期徒刑3年，緩刑5年。對於這個結果，果某及其家人都十分欣慰，尤其是果某，她本以為自己會以命償命。

法院之所以這樣宣判，是經過了多方面的考慮。一方面是劉某不僅有吸毒史，而且還長期毆打、辱罵果某，並給果某及其家人的生命安全帶來了威脅。最關鍵的是，果某曾多次想擺脫劉某的家暴，例如向婦聯尋求幫助、訴請離婚和報警等，但都沒有成功。

另一方面法院還考慮到了案發當日的情形。果某在殺害劉某前，不僅受到了辱罵和毆打，還受到了生命威脅。在這樣的情況下，果某的情緒完全失控，在恐懼和憤怒之中用木棍將劉某打死，具有一定的正當防衛因素。

最後是果某的認錯態度，作案後主動自首。最關鍵的是，劉某的親屬也十分同情果某的遭遇，不僅放棄了民事賠償，還主動出具了諒解書。這種種因素都讓法院決定對果某從輕處罰。

如果一個人長期處於暴力之中，即使他（她）是受害者，也會將暴力看成是解決問題的唯一手段。在兒童被虐待的研究中，不少專家都認為如果一個人從小被父母虐待，那麼將來長大後虐待自己子女的可能性要比沒有受過虐待的人大。也就是說，受虐者有一天可能會成為施暴者。

而對於一個飽受毆打、辱罵和威脅的女性而言，如果她訴求無門，例如向親朋好友和警察求助無果，那麼她也會認為暴力是解決問題的唯一手段，會用殺死施暴者的方式來保障自己和家人的安全。

像果某這樣的受虐者還算是比較幸運的。在以往的家庭暴力殺人案中，被告人一般刑期都很重，很大一部分被告都被判處了死緩[005]或無期徒刑。

---

[005] 全稱為死刑緩期執行，是中華人民共和國法律特有的刑罰，屬於死刑的一種。

預防與干預
—— 反家庭暴力

2010 年 11 月 3 日，一個名叫李某的中年婦女做出了殺夫的舉動。那天，她的丈夫譚某拿了一支氣槍回家。譚某在擺弄氣槍時，和李某發生了爭吵。譚某就像往常一樣毆打李某，這一次他遭到了李某的反抗，李某拿起氣槍，用力擊打譚某，譚某的後腦勺受到重創，倒地身亡了。譚某死後，李某決定肢解屍體，然後拋屍。不久後，李某就被抓捕了。

李某在嫁給譚某前，曾遭到了家人的強烈反對，尤其是她的父親。在李某的父親看來，譚某不是個適合結婚的對象，因為譚某之前有過 3 段婚姻，而且脾氣十分暴躁。李某也知道譚某脾氣不好，但譚某在結婚前向她保證，婚後絕對不會動手，而且還說自己已經老了，脾氣會漸漸收斂。

結婚後不久，譚某就開始打罵李某。譚某尤其喜歡當眾羞辱李某，稍有不順就會毆打李某，有時甚至會扯住李某的頭髮往牆上撞。李某的身上除了被毆打的瘀傷外，還有許多被菸頭燙傷的痕跡。

李某還缺少了一根手指，這是被譚某砍掉的。有一次，譚某偷情時被李某撞到了，惱羞成怒的譚某就砍掉了李某的一根手指。如果李某當時能及時到醫院接受救治，那麼這根手指或許還能接上。但由於救治不及時，李某永遠地失去了這根手指。這根手指被李某泡在酒裡，後來交給了警察。

在殺死譚某前，李某也曾嘗試過多種求助的方式。李某是個自尊心很強的女性，當初她不顧父親反對執意嫁給譚某，所以遭到了譚某的打罵後也不敢向娘家人說，就只能向譚某的父母、兄弟姐妹求救，但他們根本不管。

於是，李某就向居委會求助，希望能透過調解讓譚某有所收斂。李某也開始審視自身的缺點，盡量做到包容和忍讓，但譚某根本改不掉毆打妻子的惡習。

2010年8月2日的晚上，譚某再一次毆打李某。挨打後，李某越想越覺得委屈和憤怒，她就去派出所報案。警察在了解了李某遭受家庭暴力的情況後，就拍了傷情照片給李某。李某本以為警察會出面幫著教訓一下譚某，卻沒有下文了。當李某再次被毆打後，她再次撥打了報警電話，但這次警察沒等她說完就將電話掛斷了。

在李某看來，想要讓婦聯、街道居委會或警方介入她所遭受的家庭暴力是不可能了，因為她已經多次向這些機構反映自己的情況，但都未被傳喚和調解。在李某看來，警方是她最後的希望，她曾在電視和報紙上看到許多關於警察熱心幫助市民解決難題的報導，有的時候甚至是小狗掉到陽臺下面，警察也會上門幫助其解決問題。但李某的遭遇卻並未引起當地警方的重視，這讓李某十分沮喪，覺得自己連一隻小狗都不如。於是，殺夫、分屍和拋屍的悲劇就這樣發生了。

在女性遭受傷害的家庭暴力事件中，受害者的態度十分重要。不少受害者都會選擇委曲求全，覺得自己的忍受和犧牲能換來家庭的完整。但這樣反而會讓施暴者更加倡狂，就好像上述案例中的李某一樣，用忍耐和寬容換來的是持續的家暴。

不少家暴受害者在最初遭受毆打時，都會向親朋好友尋求幫助，希望透過他人的勸說，能讓施暴者有所收斂。但這種方式往往收效甚微。此外，調解委員會和婦聯也是家暴受害者經常選擇的解決方式之一。但調解委員會和婦聯通常都只能做到調解矛盾這一步，很少能讓施暴者真正悔改。另外，還有不少受害者會想透過逃避的方式來遠離家暴。

李某出生於中國湖北恩施咸豐縣一個農村家庭，她的父母都是農民，生活並不富裕，從 16 歲起，李某就不再上學了，開始到外地工作。起初，李某只是在湖南龍山縣的一家餐廳當服務員。兩年後，李某就去了浙江寧波，並在一家家電廠找到了一份工作。2006 年，李某來到了重慶，在一家纖維加工廠工作。

在 20 歲左右時，李某開始有了結婚的念頭。在李某的想像中，婚姻是簡單而美好的，她決定找一個踏實的男人，然後兩人一起努力工作，將來生兒育女，從此過上平安幸福的生活。

2007 年，李某經人介紹認識了一個比她大 11 歲的男人，名叫龍某，湖南湘西花垣縣張刀村人。由於兩人一個在重慶，一個在湖南，就只能透過網路聊天相互了解。李某對龍某的印象還不錯，龍某告訴她自己是做生意的，而且還總是時不時地關心一下李某。

網聊了一個月後，李某就辭去了在重慶的工作，到湖南去找龍某。這是李某做出的最讓自己後悔的一個決定，她也因此認識到了龍某的另一面。

龍某是家裡唯一的男孩，在高中輟學後就一直在家務農。而且龍某在認識李某之前還結過婚，他和前妻有 3 個女兒，在第三個女兒出生後不久就因關係惡化而離婚了。

最讓李某難以忍受的是龍某的火爆脾氣。有一次，李某出去和朋友一起吃飯，被龍某知道後，兩人就發生了爭執，龍某當即給了李某一巴掌，李某的鼻子立刻就出血了。當時李某並未往家暴方面想，只覺得這是夫妻間普通的爭吵。

一天晚上，李某和龍某正在一起觀看 VCD。李某覺得片子不好看，就想換一個。誰知，龍某突然掐住了李某的脖子，並將她摁在牆上。李某想過離開龍某，但她已經有了3個月的身孕，為了孩子李某決定忍耐下去。

2008年12月，李某為龍某生下了一個女兒。她以為孩子出生後，兩人的關係就能緩和一下。但沒想到，李某挨打的次數越來越頻繁，漸漸從幾個月動一次手發展成了兩週一小打、兩三個月一大打。

龍某一直想要個兒子，就要求李某再為他生一胎。2010年，李某再次懷孕。這一次，龍某特地託姐姐帶李某去衛生所做胎兒性別檢查。檢查結果是個女孩，於是龍某就將懷孕7個月的李某送到醫院去做引產。

後來，李某終於替龍某生下了一個兒子。但龍某的身體卻每況愈下，這下養家的擔子就落到了李某的肩上。李某每天做兩份工作，早上賣早點，下午到服飾店工作。而龍某的脾氣卻越來越差，經常到李某工作的服飾店去鬧事，還染上了酗酒的毛病。有一次，龍某向李某要錢未果，又開始毆打李某，李某為此還在家養了好多天。

等身體漸漸恢復後，李某就開始想著如何逃跑，她謊稱要接女兒放學，逃出了龍某的視線。李某帶著女兒逃到了浙江溫嶺。龍某就一直在李某的QQ上留言，說兒子想她了，希望李某能回家。

2015年春節，李某去看望了兒子，這一次她看龍某認錯態度不錯，就將龍某和兒子帶到溫嶺生活。龍某在溫嶺找了一份工作，但沒多久就不做了。從那以後，龍某就一直向李某要錢，並勸李某回老家。兩人因此沒少產生衝突。一天晚上，李某正在睡覺，突然感覺鼻子很痛，原來是龍某用修眉毛的刀片割了一下李某的鼻子。很快，龍某就用毛巾勒住了李某的鼻子，並騰出一隻手猛地將沒有完全斷裂的鼻子撕扯下來，隨手扔到窗外。李某終於沒能逃出家庭暴力的魔掌，身心受到了無法彌補的傷害。

透過司法途徑解決家庭暴力對於許多受害者來說，應該是最好的選擇。在臺灣的法律中，《家庭暴力防治法》明確規定保障婦女及兒童的人身權利。面對家庭暴力，受害人應當勇敢地拿起法律的武器，保護自己的權利。

第五章

豈止觸目驚心——性犯罪

暴力混合權力
—— 強姦

2002 年 9 月 26 日，中國四川達州的公安局接到了一所學校的報案，報案人聲稱 A 中學的女生宿舍被盜了。這其實是一起強姦案，只是在當時被隱瞞了下來。

在這天凌晨時分，A 中學的一間女生宿舍溜進了一名陌生男子，他的手裡還拿著一個手電筒。熟睡中的女生被驚醒後，在男子的威脅下不敢呼救，只能任其進行猥褻。男子在將宿舍內的 6 名女生一一猥褻後，就開始用手電筒看所有女生的長相。之後，他就走到一個女生面前。

該男子讓這名女生和另一名女生調換了位置，他相中了一個名叫劉某的女生，但劉某當晚睡在床的內側，所以為了便於實施姦淫，男子就將劉某安排到床的外側。在劉某遭到性侵害的整個過程中，其他女生都嚇壞了，根本不敢聲張。半個小時後，該男子又將劉某抱到了另一張床上，再次對其進行侮辱。

在天快亮時，該男子離開了。這時，宿舍裡的其他女生才開始呼救。很快，值班老師和校長就趕來了。在了解完情況後，校長和老師勸劉某不要聲張，尤其不要告訴在外地工作的父母，省得他們擔心，更不能報案，這樣會損害自己的名譽。此外，老師還讓其他女生幫助劉某銷毀了最關鍵的證物 —— 即被強姦後的褲子和床單上留下的血跡。

雖然劉某選擇了聽老師的話，但她每天都生活在陰影中。到了晚上，劉某再也不敢出門了，她會死死地堵住房門，還會不停地喊道：「壞蛋來了！」時間長了，精神恍惚的劉某再也無法在學校內繼續讀書，她只能退學在家養病。

11 月 8 日下午 5 點左右，幾個放學回家的七八歲國小女童在路上遇到了一個變態的男人，這個男人是 B 學校原副校長孫某，孫某突然向這幾名女生掏出了自己的生殖器。幾個女生看到孫某裸露在外的生殖器後，十分害怕，就趕緊跑回了家，並將這件事情告訴了各自的父母。

很快，當地公安局就接到了報案，孫某被幾名憤怒的家長送進了公安局。警方為了搜集更多孫某侮辱女生的證據，專門去調查附近的 B 學校和 A 中學。這樣一來，劉某被強姦的事實就曝光了。一些女生在看到孫某的照片後，對警察說，這個人很像強姦劉某的那個壞人。遠在江蘇工作的劉某的父母，此時才知道女兒被強姦的事情。

雖然警方的手中掌握著幾個女生的口供，但這並不屬於實質證據，根本無法證明劉某被孫某強姦的事實。於是，警方只能以「侮辱女生」為由將孫某拘留，但一個多月後卻不得不釋放孫某。

劉某父母得知孫某被釋放的消息後，十分生氣，決定為女兒討回一個公道。於是劉某的母親就請人寫了一封「控告信」，並將這封信寄給了公安部信訪局。

這封控告信隨後被信訪局轉到了達州市公安局。當達州公安分局刑偵大隊的副隊長看完這封信後，立刻想到了手頭正在處理的 10 餘起校園強姦案，他認為這一系列的強姦案極有可能是同一人所為。

達州市公安局在聽取了副隊長的意見後，決定將這一系列強姦案合併成一個案件處理，並且還成立了專案組。

劉某並不是唯一的受害者。達州罐子鎮某中學也曾發生過一起強姦案，歹徒還搶走了一些女生的現金；達州橋灣某中學的女生在遭受強姦後，也被歹徒搶走了一塊手錶和現金；達州白馬某中學的多名女生在遭到歹徒的猥褻後，被搶走了一塊手錶，歹徒本來還想強姦一名女生，但遭到女生激烈的反抗後就放棄了，隨後他進入另一間寢室，用刀威脅並強姦了一名 13 歲的女生。

警方在分析了這一系列的校園強姦案後，發現了一些相似之處，並進行了深入分析。歹徒每次實施強姦後，都會搶走一些財物，甚至連幾毛錢都不放過。這說明歹徒的生活並不富裕，甚至是比較貧窮的。歹徒在實施強姦的時候，要麼會強姦兩名女生，要麼會對同一名女生實施兩次強姦。這說明歹徒的性慾是比較旺盛的，很有可能是單身的青壯年。此外，歹徒每次進入女生宿舍時，都會採用翻窗、鑽牆洞的方式，而且手法嫻熟，這說明他極有可能有入室盜竊的前科。最關鍵的是，歹徒在作案時從來不會選擇同一所學校，即不會在同一個地點重複作案。

根據所分析的案情，專案組的警察們特地對周邊未發生強姦案的 20 餘所學校進行蹲點守候。2003 年 5 月 9 日凌晨時分，一名陌生男子翻入了達州的 C 高中，就在他準備下手時，被蹲點的警察當場抓住。

這名製造一系列強姦案的犯罪分子名叫楊某，33 歲，是四川達州人，父母已經雙亡。楊某從 2001 年起，來到達州市區做「棒棒軍」[006]。

來到市區的楊某見識到了許多新鮮事物，例如黃色錄影帶。在這之前，楊某從未看過黃色錄影帶，也不懂男女之事。自從看過黃色錄影後，楊某就迷上了。但是，做「棒棒軍」的收入根本不能滿足他每天看黃色錄影帶的慾望。於是，他就準備去偷點錢。

[006] 重慶對一個特定群體的稱呼，主要從事搬運的工作。

2001 年 4 月，當楊某到達州的 D 中學偷錢時，無意間用手電筒照到了一個漂亮女生的臉蛋，他的腦海中立刻出現了黃色錄影帶的畫面，他就忍不住去脫女生的褲子，被驚醒的女生開始大聲喊叫，結果楊某被嚇住了，就匆匆逃走了。

從那以後，楊某便到達州的一些鄉下中學找女生下手，順便再搶些錢。楊某在選擇下手對象時，通常都會選擇鄉下中學的女生。因為這些女生不僅膽子小，而且思想保守，在性方面的自我保護意識很薄弱。這樣，楊某不僅能屢屢得手，而且還不用擔心因為受害人報案而被捕。

楊某在許多受害者的心中雖然是個惡魔般的存在，但他自己的膽子也很小，尤其是在最初作案的時候。有一次，當楊某強姦一名女生時，恰巧其他女生起床上廁所，楊某立刻被嚇得提著褲子就跑了。隨著作案次數的增加，楊某的膽子也變大了，當受害者出現反抗時，楊某就會拿出刀子威脅她。

性侵女性是一種十分常見的性暴力。那麼為什麼有些男性會成為強姦犯呢？從心理學的角度看，一個男人如果有嚴重的心理困擾，那麼就會產生巨大的精神壓力，從而影響他與人交流的能力。在這種情況下，該男子很可能透過暴力手段去強姦女性，例如上述案例中的楊某。但是這種情況通常只會發生在陌生人強姦案中，並不適用於熟人強姦案。提起強姦案，我們通常都會想到陌生男子強姦一名女性，但事實上，許多強姦案都發生在熟人之間。在熟人強姦案中，強姦犯不僅沒有社交障礙，而且頗會利用花言巧語騙取受害者的信任。

對於強姦犯來說，他在性侵一名女性時，不僅可以獲得性滿足，同時還可以在心理上獲得滿足。在許多國家，女性不論是從社會地位還是經濟能力上都遜色於男性。但是處於社會底層的男性，通常都很難娶到年輕漂亮的女性，有些男性甚至娶不上老婆，比如上述案例中的楊某。在中國一些落後的地區，如果一個男性在 30 歲之前娶不到老婆，那麼很可能會一輩子都孤身一人。這樣的男子通常面臨著巨大的社會壓力，更容易出現犯罪行為。而當一個窮困的男人去強姦一名女性時，他會因為體力上的優勢而得逞，並獲得心理上的滿足感。

被強姦的事實，對於受害人來說都是難以接受的，尤其是被陌生人強姦的女性，在被強姦後會出現消極和恐懼的心理障礙，例如上述案例中的受害者劉某。這種心理障礙甚至會影響受害者處理兩性關係的能力，會在很長一段時間內都對男性產生恐懼。

通常情況下，受害者的心理會經歷兩個階段，然後才能慢慢回歸正常生活中。在剛被性侵的幾天或幾週內，受害者會處於一種十分恐懼的混亂狀態，會因為恐懼、焦慮而無法正常工作或上學。但隨著時間的推移，受害者的這種症狀會得到緩解，從而進入第二個階段，雖然症狀不如第一階段那麼嚴重，但依舊會有恐懼感，例如害怕黑夜時單獨一人。在上述案例中，不少受害者都出現了精神恍惚、休學的現象，有些受害者甚至還服毒自殺。

強姦案的受害者所受到的傷害有兩種，即生理上的和心理上的。其中，心理上的傷害尤其大，而且很難消除。在一些思想保守的地區，很少會有被強姦的受害者主動報案。因為這意味著名聲的敗壞，尤其對於一個未婚女性而言，在被強姦的事情曝光後，極有可能會面臨「做人抬不起頭」的風險。

在達州所發生的一系列強姦案中，很多受害人都沒有選擇報案。一方面是因為受害者可能會因此名聲受損，另一方面校長也擔心會損害學校聲譽。在警方進行調查時，很難得到學校的支援。有一次，當警方調查達州 E 小學的強姦案時，校方交出了一名假的受害者。後來，當警方帶著該女生去做法醫鑑定時，發現該女生的處女膜完好，才發現被騙了。

原來，學校的老師和校長得知有女生被強姦後，不僅沒有報案，反而讓受害者將沾滿血跡的褲子都換掉並清洗，還告誡她們不要聲張出去，因為這是一件丟人的事情。這樣，案發現場不僅全部被破壞了，還將最關鍵的證據 —— 例如犯罪嫌疑人的精斑 —— 都給銷毀了。這為警方破案帶來了極大的困擾。

此外，受害者家長的態度也十分重要。張某是 F 中學的一名學生，同時也是這一系列強姦案的受害者之一。張某被強姦後，校長一邊讓老師將下體仍在流血的張某送往醫院，一邊向鄉領導 [007] 匯報此事。鄉領導得知後就問校長報案了沒有，當得知沒報案後，就要求校長在報案前徵求家長的意見。張某的父母得知女兒被強姦後，雖然十分憤怒，但也不同意報案，他們擔心會因此影響女兒的名譽。

面對性暴力，不論是受害人還是家屬以及其他相關人員，都應該勇敢地站出來揭發罪行，讓真凶得到法律的制裁。如果投鼠忌器，隱瞞真相，不僅會傷害自身，也縱容了犯罪分子，讓更多的人陷入危險當中。

[007] 類似於臺灣的鄉長。

防火防盜防熟人
—— 熟人性侵

周媛（化名）在一個大城市生活，是個外企 OL，她不僅相貌不錯，還有一份收入穩定的工作。周媛雖然已經 30 多歲了，還未結婚，但她對自己的生活還是很滿意的。可是在 2011 年的一天，周媛的生活發生了改變。在那天下午，周媛正準備下班，卻接到了一通女性朋友打來的電話。周媛與她認識了很多年，自從這位女性朋友結婚後，兩人的聯絡就少了。周媛考慮到這位女性朋友有家庭，於是就不再主動約她出來玩。

朋友告訴周媛，她最近剛學會了調酒，想讓周媛過去品品看。周媛想著，既然兩人很長時間沒見了，倒不如趁此機會好好聚聚，聯絡一下感情。在朋友家，周媛一連嘗了 3 款不同的雞尾酒。不一會兒，周媛就感覺頭暈暈乎乎的，她想可能是酒勁上來了，就沒有多心，任由朋友扶著進了臥室。當周媛躺下時，她的意識還是清醒的，她想著就躺一會兒，等酒醒了就離開。

周媛躺著躺著就失去了意識，等她醒來後，已經是第二天中午了。剛醒時，周媛有些糊塗。過一會兒後，周媛漸漸清醒了，這時她發現朋友的老公就在臥室裡，正在打遊戲。周媛開始回想自己醉酒的過程，她忽然覺得有些蹊蹺，她雖然連嘗了 3 款雞尾酒，但每次只嘗了一點，就算她酒量再不好，也不可能會醉得這麼厲害。想著想著，周媛的腦海中突然閃現出了自己被性侵的畫面，她還記起了被朋友攙著洗澡的情景。但是周媛無法確定這些場景是夢境還是現實，於是她也沒好意思向朋友提起，就稀里糊塗地回家了。

回家後，周媛才感覺到下體有些不舒服。查看後，周媛發現自己的私處居然有些細小的傷口。這下，周媛立刻警惕起來，她覺得自己腦海中回憶起的場景並不是夢境，她真的遭遇了性侵。周媛又憤怒又吃驚，她無法接受自己身上居然會發生這樣的事情。

然後，周媛開始仔細回想那天晚上所發生的一切。周媛越想越覺得不對勁，她發現自己上當了，整個被性侵的過程就好像提前設計好了一樣，自己從答應去朋友家喝酒時起，就已經掉入了一個精心設計的陷阱之中。想到這裡，周媛決定到警察局報案。

報案後，周媛就在家裡等警方的正式回應和調查。一連幾天，周媛都未等到警方的電話，反而是那位女性朋友主動打來了電話，她希望周媛能同意私下解決這件事，還提出會給周媛一定的經濟補償。周媛當即拒絕了。

周媛的態度激怒了這對夫婦，他們威脅周媛，如果真的鬧大了，就會到周媛的公司去宣揚，把周媛的名聲徹底搞臭。這讓周媛更加憎恨這對夫婦，她甚至想著如果對方將她逼到絕境，她就拉著他們一起死。

此後的一段時間內，周媛都處於崩潰的狀態中，她既要擔心施暴者的威脅，又要等待警方的回應。最後，警方給出了一個讓周媛難以接受的結果，警方認為這起性侵案很難立案，因為證據不足。

周媛決定一定要讓這對夫婦受到應有的懲罰，於是就拿出全部積蓄，請了當地一位知名律師為自己打官司，同時還不斷向警方施壓，到處打電話投訴警方的不作為。在周媛看來，證據不足是警方的藉口，警方有責任為她這個受害者尋找證據。最終，在周媛和律師的努力下，警方終於正式立案了。在審訊過程中，男方交代了犯罪事實。可是對於女方是否參與了犯罪，警方認為證據不足。因此，周媛的那位女性朋友被免於公訴。

2012 年，這起迷姦案終於開庭審理。作為受害者的周媛原本不用出庭，但周媛卻執意要出庭指證施暴者。開庭那天，周媛用圍巾遮著自己的半邊臉出現了。在審理的過程中，周媛一直不停地盯著自己的那位女性朋友，她希望能從對方的臉上看到後悔或內疚的表情。但讓周媛十分憤怒的是，對方根本毫無悔意。

最終，法院判處被告 5 年有期徒刑。這對於周媛來說，並不是一個十分滿意的結果，她認為這個懲罰對施暴者來說太輕了。後來，周媛從律師那裡得知，相比於普通的強姦案件，本案的量刑已經算很高了。因為根據法律規定，類似的案件如果沒有造成重大的傷害結果，比如受害者身亡，強姦犯一般會被判處 1 ～ 3 年的有期徒刑 [008]。

雖然這起熟人性侵案已經塵埃落定，但周媛並未過上平靜的生活，她一直掙扎在巨大的陰影之中。很快，5 年刑期就要到了，曾經的施暴者就要刑滿釋放了，周媛十分擔心自己會遭到報復。施暴者對周媛十分了解，不僅知道周媛的工作單位，連周媛住在哪裡都一清二楚。周媛擔心施暴者會趁著自己下班時，突然出現，然後朝自己潑硫酸或砍自己幾刀，這些對於施暴者來說是輕而易舉的，但卻會給周媛的生活帶來極大的困擾。

為了防止意外的發生，周媛辭掉了在外企不錯的工作，她還準備離開這個自己待了 30 多年的城市。周媛開始到處相親，她希望能嫁到一個施暴者找不到的城市裡，最好是能嫁到國外，這樣她就永遠安全了。

[008] 此指中國情況。

一直以來，人們都將強姦犯罪行為當成是陌生人所為。但據統計顯示，在各種強姦和性騷擾的案件中，熟人作案的比例超過了 80%。也就是說，相比於陌生人強姦案，熟人強姦案更常發生，即性侵更多的是發生在身邊的朋友、同事，甚至是親屬之間。

在上述案例中，受害者周媛所遭遇的一切除了是熟人作案外，還是一起迷姦案。在熟人強姦案中，施暴者更多的可能會使用語言上的強迫或威脅，進而來逼迫受害者就範。這點與陌生人強姦案不同，熟人強姦案很少會出現暴力的行為，基本上不會採用暴力威脅。

與陌生人強姦案的受害者不同，被熟人強姦的受害者，在遭受性侵後通常會出現自責的心理，覺得是自己太粗心，不應該輕易相信對方。因此，大多數受害者在遭受性侵後通常都會選擇沉默，在維權的過程中會顧慮重重。

小靜是個思想保守的女孩子，心地很善良。在大學畢業後，小靜就在老家找了一份工作。經親戚介紹，小靜認識了一個叫小林的男孩子。小靜對小林的印象不錯，小林也很喜歡小靜。按照這個趨勢發展，小靜和小林會慢慢相知、相愛，直到談婚論嫁和生兒育女。

但不久後發生的一次意外，讓小靜嫁給了一個強姦她的人。小靜工作單位的一位男同事小張很喜歡她，總是找機會向小靜獻殷勤。但小靜卻對小張毫無感覺，也不斷暗示小張他們沒有在一起的可能。

有一次，小靜在工作中幫助了小張。小張再三邀請小靜去他家吃飯，小靜推脫不過只好去了。小張為小靜做了很多菜，而且表現得很君子，小靜就慢慢放鬆了警惕。在吃完飯後，小靜覺得頭昏昏沉沉的，根本走不了，就被小張攙著靠在椅子上休息。

迷迷糊糊之中，小靜居然睡著了。等小靜醒來後，發現自己居然失身了。這件事情對小靜這樣思想保守的女孩來說是個非常大的打擊，她不停地怒斥小張。小張則一邊安慰小靜，一邊說會娶小靜為妻。

小靜選擇了沉默，她不想鬧得盡人皆知，這樣不論公司還是家裡都會出現一些閒言碎語，甚至會影響自己的名譽，讓人懷疑自己不夠潔身自好。經過再三考慮後，小靜決定遠離小林，她覺得自己被玷汙了，已經配不上小林。

最讓小靜覺得痛苦的是，她還得在公司面對小張。小張則覺得既然生米煮成熟飯了，那麼小靜就一定會嫁給自己了，於是開始了更為熱烈和高調的追求。最終，小靜嫁給了小張，儘管她並不情願。

在熟人強姦案中，強姦犯通常不會認為自己的行為屬於強姦，反而認為自己是受到了性暗示後才發生了性關係。此外，也有不少被熟人強姦的受害者沒把自己的經歷看成是強姦，儘管發生性關係時她們是被迫的。或許正是基於這樣的認知，熟人性侵案才會難以維權。而且受害者在維權的時候，往往會遭到二次傷害。

上述案例中的周媛，她在警察局報案時，顯得十分局促。警察局有一個大廳和一個前臺，十分熱鬧，有許多人都在那裡解決糾紛，有些人是因為打架鬥毆，有些人則是因為盜竊。像周媛這樣強姦案的報案者幾乎沒有，周媛幾乎想要逃走，於是她刻意走到一個小角落裡，很小聲地和警察說著自己的遭遇，她擔心別人聽到後會對自己報以異樣的眼光。

這是一段十分痛苦的經歷，在周媛看來，就好像在陌生人面前脫光了一樣，當時的周媛完全是抱著豁出去的心理才將整個被強姦的過程告訴了警察。

在熟人性侵案中，警察的態度對於受害者來說十分重要。如果警察質疑受害者的口供，那麼將是對受害者的再一次侮辱。就算警察保持十分禮貌和尊重的態度，整個提供口供的過程對於受害者來說也是十分痛苦的，就好像再次遭受了強姦一樣。

此外，相較於陌生人強姦案，熟人性侵給受害者帶來的心理傷害更大。因為受害者會感覺自己的信任被辜負了，還會出現自責的心理，會覺得自己如果小心一點，就什麼都不會發生了。

不都是戀童癖者 —— 猥褻兒童

2009 年 7 月 14 日下午，9 歲的蔡某去找朋友李二豪玩。當時李二豪並未在家，家裡只有李二豪的父親李紅芳。在蔡某準備離開時，李紅芳突然叫住她，並讓蔡某上二樓。蔡某聽話地上了二樓，李紅芳則坐在沙發上將蔡某抱在懷裡，並讓蔡某坐在自己腿上。

起初，李紅芳只是讓蔡某伸出手給他看，看看她的手上是簸箕還是斗。李紅芳看了看後對蔡某說，你手上都是簸箕。然後看到蔡某的手臂上有蚊子咬的小紅點，就說到屋裡去替蔡某抹些花露水。

李紅芳將蔡某帶到兒子住的房間後，就讓她趴在兒子的床上，然後開始往蔡某的身上抹花露水。抹完後，李紅芳的手開始不老實了，他將手伸到了蔡某的短褲裡，然後開始摸蔡某的陰部。期間，蔡某因為疼痛拒絕被摸。李紅芳不僅沒有停手，還將蔡某的短褲給脫掉了，並繼續用手摸蔡某的陰部，甚至還將手插入蔡某的陰部。後來，李紅芳讓蔡某離開了，還給了蔡某兩塊錢，並且說回家不要對奶奶說。

回家後，蔡某總感覺肚子和陰部疼痛，就連上廁所也有疼痛感，於是就將這段經歷告訴了奶奶。7 月 18 日，蔡某的奶奶樊某帶著她去公安局報案。經鑑定，蔡某的處女膜裂傷，外陰出現了輕度紅腫、充血的症狀。不過，警方並未從受害者提供的被單和內褲上發現精斑。根據受害者和李紅芳的證詞，蔡某遭到了李紅芳的猥褻，並未遭受強姦。最終，李紅芳因猥褻兒童罪被判處有期徒刑兩年。

提起兒童猥褻案，就不得不提熟人作案。根據臺灣衛生福利部對性侵害事件的調查統計發現，熟人性侵害兒童的案件比例高達九成，陌生人性侵害兒童的案件只占一成。也就是說，在兒童猥褻案中，受害者與侵犯者之間極有可能是相識的，甚至與兒童及其家長的關係較為密切。

兒童和成年人一樣，對自己身邊的親人、鄰居、老師和朋友等熟悉的人會表示親近和信任，從而不會有防範意識，會輕易地被熟人猥褻甚至是性侵。

2015 年 3 月的某一天，中國廣東廣州市番禺區的一家工廠的宿舍裡發生了一起兒童猥褻案。受害者是個年僅 3 歲的女孩，名叫小霞，她與父母同住在工廠的宿舍內。有一天晚上，小霞的父母因加班沒有回宿舍。一名 52 歲的江西籍男子汪某趁著小霞父母不在就去敲宿舍門。小霞聽到敲門後就問是誰，得知是父母的工友汪某就主動打開了門。汪某對小霞說，他要和小霞玩一個遊戲。然後，汪某就脫掉了小霞的褲子，並猥褻了她。事後，汪某還叫小霞不要告訴任何人。

汪某對小霞父母的行蹤十分了解。當小霞父母不需要加班時，通常會晚上七八點回到宿舍。但如果晚上加班，就要到 11 點左右才能回到宿舍。因為是在同一個工廠工作，汪某對小霞父母的加班時間十分熟悉。於是，汪某就利用小霞父母不在宿舍時，去猥褻小霞，每次猥褻的時間在 5 ～ 10 分鐘。期間，小霞一直不敢告訴父母。

2015 年 4 月 23 日晚上 8 點左右，小霞將自己曾被汪某猥褻的事情告訴了父親。第二天一早，小霞的父母就帶著她到醫院檢查並報警。4 月 24 日，汪某在工廠宿舍被警方抓獲。在審訊中，汪某如實交代了犯罪事實。最終，汪某因為猥褻兒童罪被判處了有期徒刑兩年六個月，並賠償受害者及其家屬人民幣 6 萬元。

有人曾專門對 120 名 11 ～ 12 歲的孩子進行過調查，請這些孩子描述什麼樣的人會對兒童進行性侵害。在這些孩子看來，只有長相醜陋、失業者或心理變態者才會對兒童進行性侵害。沒有一個孩子認為親人、老師、朋友或鄰居這樣的熟人會對兒童圖謀不軌。這其實是一種教育上的缺失，會導致孩子對真的罪犯缺乏防範。正是因為防範意識不夠，所以兒童被猥褻或性侵害的案件時有發生。

在兒童被猥褻和性侵害案件中，由於受害者年齡較小，所以帶來的心理傷害也尤其嚴重。研究顯示，受到猥褻或性侵害的兒童更容易出現精神紊亂，例如經常做噩夢；或者出現行為問題，例如離家出走。有些受害者甚至會出現過早的性行為，例如過度自慰。

小花是 9 歲的女孩，她有一個哥哥和弟弟。在小花 5 歲時，她的父母為了能多賺錢，就離開家鄉到廣東深圳工作。這樣，小花就只能和哥哥、弟弟一起到奶奶家裡生活。

小花的父親在深圳當保全，母親做洗碗工，雖然賺得不多，但養家糊口不成問題。在深圳的工作雖然很累，但小花的父母更擔心孩子們的安全，唯恐孩子們出問題。在奶奶家，孩子們的生活起居是不成問題的，但是奶奶畢竟年紀大了，無法像父母那樣照料孩子們。

一段時間後，遠在深圳的父母接到了奶奶打來的電話。原來，最近小花一直叫嚷著下體和肛門很痛，還經常出現大小便失禁的情況。很快，小花的父母就趕回了老家。

當母親看到小花的下體後，立刻被驚呆了。小花的下體不僅紅腫，還有流膿的症狀。母親立刻帶著小花到村衛生站檢查，後來又到縣醫院和深圳的醫院為小花做檢查。檢查結果顯示，小花的陰道和肛門都出現了裂傷，而且因為裂傷，導致肛門與陰道、尿道相通。這也就是小花出現大小便失禁的原因，小花小便時肛門也排尿，大便時尿道也排便，這種尿糞混排給小花帶來了巨大的痛苦。

醫生告訴小花的父母，像小花的情況得做手術才能好，而且手術費用要人民幣1萬多元。這對於一個在貧困中掙扎的家庭來說可是一筆不小的數目，於是小花的母親就只能用消毒殺菌的藥物來為小花清洗下體，還讓小花服用了抗感染的藥。

小花之所以會變成這樣，是因為受到了性侵。由於沒有錢接受手術治療，小花就只能暫時忍受大小便失禁、尿糞混排的痛苦和尷尬。小花也開始變得內向起來，只要看到陌生人就會變得格外警惕，會將自己的臉埋在隨身攜帶的布偶玩具下面。而且小花還不肯與他人交流，只有在母親的多次勸導下，才會說幾句。

提起兒童被猥褻或性侵，人們通常會想起一個病態的族群，即戀童癖。與正常人不同，戀童癖獲得性滿足的對象主要是未成年人。雖然許多人對戀童癖嗤之以鼻，但戀童癖並不等於犯罪。只有戀童癖將魔爪伸向未成年人時，才是犯罪。不過，並不是所有猥褻和性侵未成年人的犯罪分子都是戀童癖。

戀童癖主要有以下幾個特點：

- 戀童癖患者通常年齡較大，多數在 35 歲以上；
- 戀童癖患者往往在童年時期曾遭受過性侵害；
- 戀童癖會在審訊中主動承認自己的罪行；
- 戀童癖在與人交往上存在障礙，尤其是與女性的交往。

在猥褻兒童或性侵兒童的案件中，受害者雖然以女孩居多，但並不意味著男孩就是絕對安全的。有些男孩會受到成年男性或成年女性的猥褻。不少人認為，男孩在遭受猥褻時基本不會受到實質上的傷害，尤其是男孩在被女性猥褻時。這其實是一種錯誤的看法，因為男孩同樣會受到嚴重的心理創傷。調查顯示，曾經遭受過猥褻的男孩會感到憤怒，並延續到他成年，長大後更容易出現強姦女性的犯罪行為。

有口難言
—— 被侵犯的男人們

2015 年 9 月 12 日凌晨，在中國重慶合川區發生了一起性侵害，受害者是一名男性。那天凌晨，小林正在濱江路散步，突然被一個人強行帶到了路邊廢棄的小屋裡。小林以為遇到了劫匪，就主動交出了身上所攜帶的財物，並請求對方放過自己。誰知，接下來小林卻遭受了一段難以啟齒的經歷，他被性侵了。

在性侵者離開後，小林便向路人呼救，路人幫助小林報警後，警方很快就將犯罪嫌疑人逮捕了，這名性侵者是一名男性，名叫小勇。小勇對於性侵小林的事實如實交代，並稱自己是酒後失態，才會犯下這樣的錯誤。

由於同性性侵在中國法律上尚處空白 [009]，再加上受害者小林並無明顯的身體傷害，所以警方在教育了小勇一番後就放走了他。

在性侵害的問題上，人們通常都會想到女性，很少有人會考慮到男性也有可能會遭受性侵害。整體而言，女性遭受

[009] 此指中國情況，臺灣的《性侵害犯罪防治法》男女皆適用。

性侵害的可能性要遠遠高於男性。在中國的法律中，對於強姦罪是這樣定義的：違背婦女意志，使用暴力、脅迫或者其他手段，強行與婦女發生性交的行為，或者故意與不滿14週歲的幼女發生性關係的行為。也就是說，對男性實施性侵害不在法律定義範圍內。有些中國男人甚至調侃說：「廣大男同胞一定要保護好自己，因為法律不保護我們。」

在中國，如果一名男性遭受了性侵害，想透過法律的途徑維權，就必須以侮辱罪來控告性侵者。但想要控告對方侮辱罪，就必須滿足「情節嚴重」這一條件。而情節嚴重主要有以下幾種情況：手段惡劣；侮辱行為造成嚴重的後果，例如受害者不堪侮辱自殺或因侮辱而導致精神失常；多次實施侮辱行為。也就是說，一個男性如果遭受性侵害，想要用法律來保護自己，比起女性要難上加難。

在上述案例中，受害者是遭受了男性的性侵害。這種性侵案件，性侵者極有可能會使用暴力的手段脅迫對方就範。因為受害者是男性，與性侵者一樣具有體力上的優勢，因此在遭受性侵害時會強烈反抗。但這種暴力通常只會發生在陌生人之間，如果是熟人作案，情況就會大不相同。

2015年9月14日，某市一名22歲的男大學生在留學前，應邀參加一個聚會，結果因為醉酒被一名鄭姓男子猥褻。在當天晚上，受害者等4人在一家KTV唱歌，並且還狂飲了3

瓶威士忌。受害者喝得醉醺醺的，就倒在了 KTV 的廁所內。鄭某看到後不僅主動將受害者扶到沙發區休息，還趁著四周無人對受害者進行猥褻，整個過程都被監控給錄了下來。後來，鄭某提出要送受害者回家。

在路上，受害者迷迷糊糊之間感覺鄭某用手指性侵他，當時他本想反抗，但因為醉酒根本無力抵抗，只能任由其猥褻自己。等第二天早上清醒後，受害者感覺不適，他才意識到自己受到了性侵害，於是立刻報警。

很快，法庭就審理了此案。在開庭審理時，鄭某堅稱自己沒有猥褻和性侵受害者。鄭某辯稱，受害者在喝醉後不斷摸他胸部，甚至還摸他的下體，他以為是對方示好，才用撫摸作為回應，但絕對沒有性侵受害者。最終法官認為，鄭某有利用受害者醉酒趁機進行猥褻之嫌，判處其猥褻罪名成立並處以 10 個月有期徒刑。

在不少男性性侵案件中，性侵者都與受害者相識，並且趁著受害者在聚會時喝醉後對其進行猥褻或性侵。此外，還有不少男性會在其他男性的威逼利誘下被性侵。大部分受害者都比較年輕，年齡在 20 歲左右。

在許多人看來，對男性實施性侵害的男性應該都是同性戀。但事實上，不少性侵者之所以會性侵一個男性，並非出自於性慾，而是想要達到懲罰或控制的目的，例如監獄中所發生的性侵案。

一個男人在遭受性侵時，也會出現和被強姦女性一樣的受害心理，會覺得憤怒、羞恥、震驚和沮喪，甚至會自責，會覺得如果不是因為自己掉以輕心，就不會有這樣的遭遇。此外，很少有受害男性會選擇報警，因為這樣有損於男性的尊嚴。

在一則新聞中，兩個露天席地而睡的民工[010]在遭到一個醉酒男子的性侵後，立刻報了警。警察在聽完民工所述說的案情後，一面為雙方進行調解，一面強忍著笑，還忍得很辛苦。最終，這起性侵案以賠償解決。

辦案警察之所以會忍俊不禁，是因為和許多人一樣對男性性侵害存在一定的誤解。在許多人看來，男人在體力上絕不會像女性和兒童那樣弱小，是不可能被強姦的。因此，在男性性侵案件中，只要沒有造成嚴重後果，一般很難立案。有些案件只有鬧出人命後，才會得到重視。例如：在男模大賽中獲得亞軍的項海因被臺日混血男子杜博文迷姦致死而受到廣泛的關注。

一個男人除了可能會被男性性侵外，也有可能會被女性性侵。這在許多人看來有些啼笑皆非，但卻真實出現過。與男性性侵者不同，女性性侵者由於不存在體力上的優勢，通

[010]　在中國指為了工作從農村移民到城市的人。

常都會採用語言威脅的方式。不過對於受害者來說，被女性強迫發生性關係是更加難以啟齒的。

在許多人看來，如果一個男人真的遭受了女人的性侵，那就當成一次豔遇好了，既然有正妹主動送上門了，就沒必要拒絕。但在此類性侵害的案件中，男性通常都是被迫進行除性交以外的性行為，例如口交。有些男性受害者會被強迫服用壯陽藥，從而被女性強姦。

此外，很多人還會考慮到一個問題，即男性受害者在被強姦的過程中到底會不會勃起。一個男人如果在被威脅的情況下，很難勃起，這就意味著性侵者無法強制受害者進行性交。但事實上，一個男人在緊張、恐懼和疼痛的情況下，也會出現勃起的情況，而這並不意味著受害者就是自願與性侵者發生性關係的。

根據《莫斯科時報》（*The Moscow Times*）報導：

2015 年 3 月 16 日晚上，俄羅斯卡盧加州梅斯克霍夫斯科市的一名男子走進了警察局，他是來報案的，並向警方提交了一份訴狀。這個男子名叫維克多（Viktor），今年 32 歲，他聲稱自己遭遇了性侵犯，而對他實施性侵的是個女人，名叫歐爾加（Olga Zajac）。

根據維克多的證詞，歐爾加是個空手道「黑帶」高手。他被歐爾加囚禁後，就被對方用手銬銬在暖氣片上，歐爾加還替他披上了一條粉紅色的毛毯。隨後，歐爾加便多次羞辱、猥褻維克多，並強迫維克多服用了幾片壯陽藥。在接下來的 48 小時內，歐爾加強迫維克多與自己發生了多次性關係。

歐爾加得知自己被維克多告上法庭後十分生氣。她聲稱自己對維克多非常好，雖然兩人確實發生了幾次性行為，但歐爾加還替維克多買了新的牛仔褲和食物，在維克多離開時還給了他 1, 000 盧布（約新臺幣 360 元）。為了報復維克多，歐爾加立刻向警方提交了訴狀，聲稱要以搶劫罪起訴維克多。

原來，在案發當天維克托是主動送上門的。當天下午 5 點左右，維克多持槍闖入了當地一家髮廊進行搶劫，他凶神惡煞地走到髮型師歐爾加的面前，但對方卻毫不驚慌，甚至連動都沒動。維克多十分惱火，就動手對歐爾加進行搜身，希望能找到錢。但維克多卻怎麼也沒想到，面前的這位弱女子是一名訓練有素的空手道「黑帶」高手。維克多突然被歐爾加掀翻在地。就在維克多震驚之時，歐爾加迅速地拿起一根吹風機上的電線，將維克托的手腳捆了起來。然後，歐爾加就將維克多拖到了地下儲藏室之中。

此時，店內的其他髮型師和顧客都由之前的驚慌變得歡騰起來，紛紛讚揚歐爾加的英雄行為。歐爾加在同事離開前告訴他們，她會親自將這名劫匪送到警察局。

事實上，歐爾加並沒有這樣做，而維克多則遭遇了比被送到警察局更痛苦的經歷。起初，歐爾加只是威脅維克多做一些令她快樂的事。如果維克多不照做，歐爾加就說她會立即報警。於是，維克多就只能任由歐爾加擺布。

在充當了兩天兩夜的性奴後，維克多終於獲得了自由，此時維克多的身心已經飽受折磨，他冒著可能會被以搶劫罪逮捕的風險來到警察局，狀告歐爾加對他實施性侵害。歐爾加在得知自己被指控後，就惱羞成怒地狀告維克多的搶劫行為。這意味著，兩個人都有可能鋃鐺入獄。

在上述案例中，作為受害者的維克多還算是幸運的。在許多國家和地區，很少有受害者會像維克多一樣能做到用法律為自己維權。例如在美國加利福尼亞州的聖地牙哥曾發生過一起男人被女人強姦的案件。當時受害者曾到警察局報案，但警察根本不受理，還將他趕出了警察局，警察認為這個男人一定是喝醉了，才編出了這樣讓人啼笑皆非的故事。

當一個男人被女人強姦了，不僅很難維權，而且還會受到更多的質疑。在女性受到性侵害的案件中，有些人會質疑受害者的生活作風，如果受害者穿著暴露，就會被人質疑是故意勾引性侵者。而男性受害者也會遭受這樣的質疑。有些人會問，如果真的是被強迫的，那麼為什麼會勃起？有些人會問，既然不情願，為什麼不推開她？

這些問題對於男性受害者來說是二次傷害，因為他沒辦法說清楚受害的真實情況，而且在許多人看來，他的受害經歷就好像一場豔遇一樣。如果受害者硬要說自己是被迫的，那麼人們就會覺得他「得了便宜還賣乖」。

被女人強姦的男人同樣會產生一定的心理傷害，他不僅會覺得自己身為男人的尊嚴被踐踏了，還可能會面臨性功能失調的問題，例如出現陽萎、早洩或性冷淡的問題。

化學閹割
—— 性罪犯懲罰之措

2013 年 10 月 2 日，韓國上映了一部名為《希望：為愛重生》的電影。這部電影描述了一個既殘酷又感人的故事。這個故事之所以是殘酷的，是因為主角素媛是個年僅 8 歲的女孩，但卻遭遇了十分嚴重的性侵，最殘酷的是這部電影並不是虛構的，而是根據真實案件改編的。

2008 年 12 月 11 日，韓國京畿道安山市檀園區發生了一起女童性侵案。受害者在晚上睡覺時被一名入室男子趙斗淳擄走。趙斗淳對受害者實施了強姦和毆打，事後為了銷毀殘留在受害者體內的精斑，用通通樂吸女童的肛門，還用強力水柱沖洗其陰道，最後將受害者扔到了一條小河邊。

不久，昏迷的受害者被附近居民發現並送往醫院。受害者被送進醫院時，醫生都震驚了，受害者的傷勢十分嚴重，不僅大小便失禁，而且下體血肉模糊。經檢查，醫生發現受害者的腸道嚴重受損，陰道和腸道中間的部分全部被破壞，由於陰道在受外傷的情況下被糞便感染，因此受害者的子宮也受到了嚴重的損傷。醫生當即決定為受害者進行手術，不然受害者就會有生命危險。

受害者的整個腸子都在手術中被切除了，這意味著她以後必須得依靠便袋生活 [011]，並且喪失了生育能力。

很快，趙斗淳就被抓住了。在案件審理的過程中，趙斗淳不僅不認罪，還以醉酒為由為自己辯解。受害者的父母不僅要為女兒維權，還得為女兒爭取賠償，這樣受害者才能獲得更好的治療。畢竟對於一個本就不富裕的家庭來說，手術費是一筆巨額的支出。

最終審判的結果出來了，最高法院判決強姦犯趙斗淳 12 年有期徒刑。這個判決結果在韓國引起了強烈的反響，人們紛紛指責刑法過於仁慈，應該提高對兒童性侵犯犯罪的量刑標準。許多韓國人，尤其是有女兒的家庭，紛紛集會遊行，希望能修改法律。時任韓國總統的李明博只好出面向全國民眾道歉，並承諾會很快修改強姦幼女的法案。2012 年韓國就推出了化學閹割法。在電影《希望：為愛重生》的結尾處，素媛的自白中有這樣一句耐人尋味的話：「妳的出生真是太好了。」後來，素媛的媽媽又生了一個弟弟素望，意思是「不要放棄希望」。

[011] 2017 年 11 月，受害者的父親在電臺採訪中透露，女兒經過兩場大型修復手術，已經可以擺脫便袋，像正常人一樣生活。

韓國第一個接受化學閹割的強姦犯是朴某，他先後 4 次因為強暴 13 歲以下的幼女而入獄。朴某在出獄後不久再一次犯罪，將一個 10 歲的女孩拉進了廢棄廠房實施強暴。在最後一次刑滿釋放之際，朴某被鑑定為戀童癖，為了防止他再次殘害幼童，朴某被強制接受化學閹割。

除了韓國外，世界上有不少國家和地區都透過了化學閹割法，例如美國部分州、丹麥、英國、瑞士、瑞典、波蘭等。但化學閹割在執行的時候，許多國家很少能做到像韓國一樣強制執行，必須得遵守自願的原則。也就是說如果沒有經過性犯罪者的同意，是不能對其進行化學閹割的。

提起閹割，人們通常會想起一個特定的族群，即太監。在中國古代，太監是專門為皇室提供服務的一群人，他們被迫接受閹割並失去性能力。在民間，還有將閹割稱為「去勢」的說法。

此外，在中國古代還將閹割作為一種刑罰，即宮刑，例如著名的歷史學家司馬遷就曾被下令處以宮刑。宮刑不單單針對男子，還包括女子，主要是破壞生殖能力。宮刑是一種極具侮辱性的刑罰，許多男子都難以承受宮刑所帶來的屈辱。

但是化學閹割與宮刑是完全不同的刑罰。化學閹割又被稱為藥物去勢。與宮刑之類的物理閹割不同，不需要透過手術的方式去除人體的性器官。在執行化學閹割的刑罰時，只需要將抗雄性激素的藥物注射到男性體內即可。這種藥物只會使男性的雄性激素水準下降到青春期以前，從而抑制男性的慾望、減少性幻想以及降低從性行為中獲得的快感，但卻不會造成永久的絕育。

在抑制性犯罪上，化學閹割的確發揮了不錯的作用。瑞典、挪威、丹麥和冰島這 4 個國家專門進行了相關的資料統計。統計結果顯示，自從採用了化學閹割的刑罰後，性侵兒童的案件開始急劇下降，從原先的 40%下降到 5%。丹麥根據對 25 名強姦犯的追蹤發現，這些強姦犯在接受了化學閹割後就再也沒有犯案。

德國在 1997 年也進行了調查研究。研究者專門追蹤調查了 104 名接受化學閹割的強姦犯，結果發現這些人再次犯案的只有 3%；而沒有接受化學閹割的強姦犯，再次犯案的達 46%。

其實在化學閹割之前，就曾出現過手術閹割的刑罰。早在 1970 年，德國就通過了手術閹割的法案。這在當時引起了不小的轟動，更多的是反對的聲音。許多人認為，手術閹割的刑罰太過野蠻，不符合人權。後來，德國政府就對相關法案進行了修改，規定接受閹割手術的性罪犯必須得超過 25 歲。儘管如此，手術閹割的刑罰還是在世界各地引起了不小的爭議。但的確有性罪犯接受過手術閹割，而且效果不錯，例如捷克共和國的帕維爾。

帕維爾（化名）是一名性犯罪者。在他18歲那一年的某一天，帕維爾突然出現了異常，他從睡夢中驚醒，並產生了十分強烈的性衝動。帕維爾還專門去找醫生，希望醫生能給他一個合理的解釋。但醫生的診斷結果卻是，帕維爾很正常，並且告訴他年輕男性有性衝動是完全正常的，很快這種衝動就會消失。

聽了醫生的話，帕維爾放心地回家了。他在家裡看了一部李小龍的電影，看完後帕維爾突然產生了性慾，他十分想透過暴力手段來獲得性滿足。於是，帕維爾就帶著一把刀上街了，他看上了一個路過的12歲少年。在帕維爾的脅迫下，這名12歲的少年遭受了暴力性侵並死亡。

接下來的11年裡，帕維爾都在監獄和精神病院度過。在刑滿釋放的前一年，帕維爾主動接受了摘除睪丸手術。出獄後，帕維爾過上了平靜的生活，他再也不用掙扎在性侵兒童的幻想之中了。在許多人看來，帕維爾似乎喪失了身為男人的尊嚴，而且再也享受不到性快感了。帕維爾卻沒有後悔過，因為他重拾了身為人的尊嚴，他再也不擔心自己會再次性侵他人，並因此而入獄了。

由於手術閹割的方式太過殘忍，於是化學閹割就出現了。儘管化學閹割取得了不錯的效果，但依然有不少人質疑。在許多人看來，化學閹割具有一定的副作用，會使接受化學閹割的男性出現女性化特徵，並對其造成精神上的折磨和羞辱。例如：著名數學家艾倫·麥席森·圖靈（Alan Mathison Turing）。

1952 年，圖靈的同性伴侶與一個人合謀闖進了圖靈的住所，就在準備實施盜竊時，被圖靈發現並報警。結果圖靈的同性戀隱私曝光，被控告為「明顯的猥褻和性顛倒行為」，也就是所謂的同性戀（參見英國性悖軌法）。最終圖靈在沒有申辯的情況下就被定罪了。公審過後，圖靈面臨著兩個選擇，即坐牢或荷爾蒙療法。圖靈選擇了荷爾蒙注射。

圖靈在接受了一年的荷爾蒙注射後，出現了副作用，他的乳房開始不斷發育，這為圖靈的生活帶來了巨大的困擾。1954 年 6 月 7 日，圖靈的遺體被發現，他的床頭上放著一顆被咬過的蘋果。這是一個含有氰化物的劇毒蘋果。經過警方的調查，圖靈死於氰化物中毒，而且是自殺。

第六章

隕落在花季雨季——青少年犯罪

誰打得過誰有理
—— 直視校園暴力

2009 年 11 月 23 日上午，中國雲南昆明市某中學發生了一起校園暴力事件，施暴者是 11 名國中生，而受害者則是 6 名國中生，他們被施暴者編為 001 ～ 006 號，然後按照編號逐一接受毆打和侮辱。

001 號姓溫，他被施暴者們帶到河邊，然後被火鉗敲後腦勺，當即就被敲出了血，並很快被施暴者帶到醫院醫治。下午，暴行繼續。002 號向某和 003 號李某是這 6 個被害者中最幸運的，只被踢了幾腳，就放了。接下來是 004 號趙某，他正坐在一棵大樹下，然後被施暴者們團團圍住。很快，趙某就站了起來，並按照施暴者的要求向河上的一座小橋走去，等他站好後，突然被施暴者一腳踹進了河裡。

005 號徐某是所有受害者中唯一被打的女生，也是受到毆打和侮辱最嚴重的受害者，而且整個過程還被施暴者用手機拍攝下來並在學生們之間瘋狂流傳，最終被家長偶然看到。

起初，施暴者只是像對待 004 號趙某一樣將徐某團團圍住，並開始七嘴八舌地議論起來。不一會兒，就有男生動手了，一個身著深色衣服的男生給了徐某一個耳光。緊接著，第二個男生動手了。徐某一共挨了 4 個男生的耳光。之後，11 名施暴者就將一個破簸箕套在了徐某的頭上。這時一直沉默著忍耐的徐某才掙扎著發出了痛苦的聲音。

一個穿著紅色衣服的男生似乎想到了一個整人的辦法，於是就示意大家將徐某扔到旁邊的河裡。一個戴帽子的男生將徐某的雙眼用圍巾蒙了起來。就這樣，徐某被扔到了河裡。

徐某在河裡掙扎了一會兒後，就開始向岸邊爬去。爬上岸後，徐某再次被施暴者們包圍了。一個施暴者從徐某的背後給了她一腳，徐某立刻倒在地上，白色的校服上沾滿了泥巴。等徐某爬起來後，一個穿著紅色衣服的施暴者直接給了徐某一棍子，還呵斥道：「妳還不走？走不走？」

為了避免挨棍子，徐某只能趕緊跑。但施暴者似乎並沒有打算放過徐某，一直在後面追。很快，徐某就被追上了，幾個施暴者開始輪番用腳踢徐某。徐某只能護住自己的頭部，用後背去抵擋腳踢帶來的疼痛。這時，一個穿著紅衣服的施暴者突然上前揪住了徐某的頭髮，開始用腳踢她的頭。之後，在紅衣施暴者的示意下，施暴者開始排著隊，一個接一個地上前踢打徐某。

一番施暴後，徐某的身上沾滿了泥巴。這時，一名施暴者說：「回去不好交代！」其他的施暴者立馬心領神會地附和著說：「洗了，洗了！」於是，徐某就被推搡著來到河邊，並被紅衣施暴者一腳踢到河裡。

接下來是 006 號鄧某，對於施暴者來說這是最棘手的一個，因為鄧某找來幾個幫手和施暴者對峙。就在雙方決定開始打一架的時候，一個姓魏的副校長正好經過，制止了他們的暴行。

徐某被施暴整個過程的影片開始瘋傳後，被家長和學校的老師知道了。很快，當地派出所的所長看到了這段影片，並帶著幾名警察到學校進行調查，還將此事通報給了當地的教育局。

施暴的 11 名男生，主要是初三（8）班的學生，還有初二的學生，他們因為看不慣徐某的做派，才決定要教訓徐某一番。

初三（8）班是該中學的另類，不受老師們的重視，甚至還被老師取了一個「糞草」的外號。學生們則替初三（8）班起了一個「天使般」的「雅號」，也就是「天上掉下來的屎」的意思。

原本初三（8）班是不存在的，自從該中學搬遷後，才重新組建了一個班級，這個班級的學生基本上都是附近的學生，剛剛組建時只有 33 名學生。後來在月考過後，全年級排名最後的 20 多名學生就被分到了初三（8）班，這下班級的學生一下子就增加到了 55 人。

由於老師的歧視，初三（8）班的學生開始變得不愛讀書，他們的班導師也說：「如果想好好學習，就得考進年級前 120 名，這樣就能離開這個班級，剩下的學生只是帶著玩玩的。」參與施暴的馬某不僅是初三（8）班的學生，還曾是班上的課代表，但自從無心讀書後，就開始蹺課和打架。

在徐某被毆打和侮辱的影片曝光之前，該中學就曾發生過多起校園暴力事件。據附近的一個住戶反映，在幾個月的時間內就曾親眼看到過兩起校園暴力事件，其中一起是受害者被懷疑偷東西，被扔到河裡，另一起則是受害者沒有買到菸而遭到了施暴者的圍攻。

事後，學校也加強了管理，尤其是對初三（8）班的管理。凡是學校保全發現初三（8）班的學生蹺課，就可以強制將其帶回教室。

而作為受害者的徐某在學校的人緣並不好，在許多人看來她是個性格孤僻且很另類的女孩。在事發後，徐某一直害怕上學。其實徐某的父親早就發現了孩子的異樣，因為徐某在遭受校園暴力的那一天，就穿著沾滿了泥巴的髒衣服和鞋子回家了。當她的父親看到女兒這個樣子後，立刻想到女兒在學校遭受了凌辱。於是他就帶著髒衣服和鞋子到學校討說法，還帶著徐某到醫院進行檢查。

在許多人看來，學校是一方淨土，與暴力是完全不相干的。但隨著有關校園暴力事件報導的增加，許多人開始意識到學校並不平靜，甚至要比成人世界更殘酷。提起校園暴力，我們就會想起該事件的主體人物 —— 青少年。

青少年主要是指 13 ～ 19 歲的族群，而這個年齡階段也被稱為青春期。青春期是一個心理學上的術語，是由心理學家史丹利·霍爾（Granville Stanley Hall）首先提出的。青春期是人生發展階段中一個十分關鍵的時期，也是一個人邁向成熟的過渡時期。這個階段有一個十分典型的特點，即身心發展的不平衡。也就是說，心理上的成熟趕不上生理上成熟的速度。

這就意味著青少年的世界觀、人生觀和價值觀還沒有完全形成，很容易受到社會不良風氣和因素的影響。最關鍵的是青少年的自制能力差，因為此時自制的生物基礎 —— 前額葉皮質，還正在發育之中。

雖然青少年的自制力還沒有達到成年人的水準，但他們的身體基本上已經與成年人無異。也就是說，青少年拳頭的力量基本上能達到成年人的水準，在打架鬥毆中會帶給受害者一定的傷害，有時候甚至會致命。

2015年6月29日下午的放學時間，中國重慶渝中區的一所中學門口發生了一起校園暴力事件。被害者鄭某在學校門口被十幾名十四五歲的少年給圍住了，然後這十幾名施暴者便開始毆打鄭某。鄭某被踢打了差不多40分鐘，期間路過的居民看不過去還出面阻止，但是施暴者當作沒聽見一樣，繼續毆打鄭某。後來鄭某瞄准機會逃跑了，而施暴者則一直跟在後面追打，直到鄭某上了一輛公車。

等鄭某回到家時，已經是晚上7點半了。鄭某向父母哭訴了自己被毆打的過程後，就直接坐在了地上，他已經站不穩了，而且嘴唇和手指都出現了異常的烏青色。父母立刻將鄭某送到醫院進行救治。

到醫院時，鄭某開始出現了四肢抽搐和眼睛翻白的症狀。醫院立刻進行了搶救工作，但鄭某還是死了。原來，鄭某是被毆打導致內臟出血而死亡的。鄭某是一個十分健康的男孩，沒有先天性疾病，而且平時很喜歡踢足球，如果不是這起校園暴力事件，鄭某不會就這樣驟然去世。鄭某不僅鼻子裡面都是血，就連身上也到處都是瘀青。當醫生剖開鄭某的肚子後，發現他的腸子和胃裡面也都是血。

很快，警方就介入了調查。根據附近住戶的口供，在案發當天，十幾個人圍著鄭某一個人打，不僅用腳踢，還用鐵棒打。就連目擊者看著都覺得觸目驚心。

警方透過調查發現，組織這起毆打行為的是鄭某的同班同學，14 歲的譚某。而其他的毆打者則多數為附近學校的學生，還有少數的社會青年。

譚某之所以會找人毆打鄭某，完全是為了報復。原來譚某在 6 月 26 日這天沒有來上學，老師打電話給家長也找不到人。這時，鄭某站了出來，並帶著老師在學校附近的一家非法網咖找到了譚某。譚某因此記恨上了鄭某，並開始計劃著找人打鄭某一頓出氣。

6 月 30 日，警方以故意傷害致人死亡罪將譚某等 4 人刑事拘留，其他在場的 6 人也接到了警方的傳訊。

總之，校園暴力是一個十分嚴重的問題，父母、學校和社會必須得重視起來，從而加強對學生的教育，防止類似的悲劇再次發生。

「三不管」少男少女
—— 留守兒童

2015 年 6 月 10 日下午 5 點多，中國湖南省衡陽市某縣的一個小鎮上發生了一起毒殺案，兩名死者是某所國小的學生，而且是一對姐妹。被害者湯某霞被發現時，已經當場死亡，而她的妹妹湯某林就倒在不遠處的路邊。當村民發現湯某林時立刻將她送到了衛生所，最終搶救無效死亡。

當地警方接到報案後，立刻開始介入調查。作為被害者老師的黃婷婷，也配合警方尋找案件線索。黃婷婷告訴查案的警察，被害者湯某霞生前有一個十分要好的朋友陳某，或許陳某能為警察提供一些有用的資訊。

在黃婷婷的帶領下，警察來到了陳某的家裡，當時陳某正在和兩個妹妹玩耍。陳某告訴警察和老師，在那天放學時有兩個大孩子來找湯家姐妹，然後湯家姐妹就跟著他們一起走了，接下來到底發生了什麼她也不知道。

根據陳某的證詞，村裡的人紛紛猜測湯家姐妹到底是怎麼中毒身亡的。有些人說是湯家姐妹吃下垃圾堆裡撿來的食物中毒身亡的；有的卻說湯家姐妹是被人欺騙喝下有毒的可樂後死亡的。

後來警方的調查推翻了這兩種猜測。原來真正的凶手就是陳某，是湯某霞一直形影不離的好朋友。湯家姐妹喝下的有毒可樂正是陳某遞給她們的。由於陳某才 12 歲，毋須承擔刑事責任，但按照中國法律規定，陳某要被送到省裡的少管所，而且最少得待上 3 年。

陳某來自於一個特殊的家庭，她從小就與爺爺奶奶生活在一起。陳某的母親在生下孩子後沒多久就不辭而別了，陳某的父親則一直在外地工作。在陳某的心裡，父母只是一個名詞，她從來沒見過自己的母親，父親最近也斷了聯繫。陳某的爺爺是個脾氣火爆的老頭，每當陳某做錯事，他就會不問緣由地斥責她或打一頓。

那麼，陳某為什麼要毒死湯家姐妹呢？這要從陳某和湯某霞的友誼說起。陳某是班上性格最為孤僻的一個學生，成績也不好，不是倒數第一就是倒數第二。而湯某霞呢，也是個成績很差勁的學生，而且每天都穿得髒兮兮的，沒有同學願意主動接近她。於是，陳某和湯某霞就成了最好的朋友。

好朋友有快樂的時候，就有鬧矛盾的時候。湯某霞每當和陳某有了矛盾，就會跑去向母親訴苦。湯某霞的母親有智力障礙，看到女兒受了委屈，就直接去找陳某算帳，追著陳某捏幾下或擰她的耳朵，有時候會言語不清地罵人。

對於從小沒有感受過母愛的陳某來說，來自好朋友母親的責罵直接挑動了她那根敏感的神經。她覺得十分憤怒，甚至覺得湯某霞背叛了自己，於是就產生了下毒的念頭。一場由留守兒童[012]釀造的悲劇就這樣發生了。

留守兒童的父母為了增加家庭收入，在孩子很小的時候就被迫離開家鄉到外地工作，於是留守兒童只能與爺爺奶奶生活在一起。爺爺奶奶作為留守兒童的監護人，因為年齡大、受教育程度低，只能保證孩子吃飽穿暖，其他方面根本照顧不到。而對於留守兒童的父母來說，由於見面的次數十分有限，雙方之間的關係非常緊張。不少留守兒童的父母都將賺錢放到了第一位，想著等孩子長大了再教育也不晚，但等孩子進入青春期後，才發現根本管不住了。這時，許多父母常常會採用暴力的手段去管教孩子，這樣只會加劇家庭矛盾，甚至可能釀成意想不到的悲劇。

2014 年 2 月 18 日晚上，湖南婁底發生了一起命案，死者是一名中年男性，而殺死他的竟然是自己的兒子。行凶者是一個 14 歲少年，名叫肖某，在進入青春期後，他開始沉迷於網路暴力，甚至還與當地的社會青年稱兄道弟。春節期間，

[012] 在中國指由於父母一方或雙方外出去城鎮工作而被留在家鄉或寄宿在農村親戚家中，長期與父母過著分開居住、生活的兒童。

肖某的父親從外地休假回來。在父親在家的這段時間內，肖某還像往常一樣我行我素，每天都泡在網咖裡。有一天，肖某的父親決定好好管教一下兒子，於是就到網咖找肖某。父子倆在網咖起了衝突，肖某在衝動之下就用刀刺死了父親。

這種案例在中國留守兒童中間並不是孤例，同年在江蘇泰州也發生了類似的悲劇。

薛某從小就與 80 歲的奶奶生活在一起，他的母親在他 1 歲時就離家出走了；父親為了養家常年在外工作，根本無法顧及教育兒子。每當薛某不聽話或惹禍時，父親就會用拳頭教訓薛某，薛某只能被動接受。一天晚上，14 歲的薛某突然有了殺死父親的念頭，於是就用鐵榔頭砸向父親的腦袋，還刺了父親好幾刀。殺人後，薛某便立刻騎著電動車逃走了。後來還是鄰居聞到了異樣的惡臭才報了警，這時薛某父親的屍體已經腐爛了。

留守兒童由於沒有父母的管教，很容易沉迷在電視、網路中。少年兒童通常都有著十分強烈的探求心理，所以很容易被網路上的花花世界所吸引。這樣一來，網咖就成了留守兒童常常出沒的地方。在中國一些鄉鎮、村莊，網咖通常都疏於管理，只要給錢，不管是不是未成年人，都可以去上網。

當一個孩子將所有的時間和心思都用來上網，那麼成績必然會下滑，並產生厭學情緒，從而更加迷戀網路。網路上到處都充斥著暴力和色情，青少年很容易被這些資訊所吸引。再加上青少年辨別能力差、缺乏判斷力，就會被這些暴力和色情資訊所影響，走上歧路。

透過網路所營造出的虛擬世界，青少年可以輕而易舉地接觸到一些年紀相仿的社會青年。由於青少年不僅容易受到外界的影響，而且做事衝動，不考慮後果，於是便會在社會青年的影響下沾染上不良的社會風氣，甚至是模仿網路中的犯罪情節，從而導致嚴重的後果，例如下面這個案例中的張某。

張某從小與爺爺奶奶一起生活，在他兩歲時父母就離婚了，他被判給父親撫養，由於家庭條件不好，父親常年在外工作，只有到過年的時候才會回來。

雖然家庭條件並不富裕，但張某卻活得很順心，他的爺爺奶奶非常溺愛他。隨著年齡的增長，年邁的爺爺奶奶再也管不住張某了。張某讀完小學就再也不願意繼續上學，而是整天和村子裡的其他留守兒童一起瘋狂地玩樂。

後來，張某就學會了抽菸，當時他才十一二歲，但張某根本沒覺得有什麼不妥，反而覺得抽菸是一種很酷的行為。張某還很喜歡向別人炫耀他拳頭的力量，到處打架欺負人。

和所有的青少年一樣，張某自從接觸了網路後，就深深地沉迷於其中。漸漸地，張某手中的零用錢都用在了網咖裡，身上沒錢後，便想著去偷爺爺奶奶的錢。後來爺爺奶奶發現了張某偷錢，就開始教育他，並把錢藏了起來。張某找不到錢就開始罵罵咧咧的，在家裡到處翻找，終於將爺爺奶奶藏在糧食下面的錢給找了出來。

爺爺奶奶管不住張某，就將此事告訴了他的父親。父親從外地特意趕來，將張某好好教訓了一番，然後回去上班。等父親離開後，張某繼續我行我素。在花完家裡的錢後，張某便和同伴們商量著弄錢的辦法，最後他們決定去偷錢。

村裡幾戶人家丟了幾次錢後，就知道是張某偷的，於是暗暗警告張某不要再偷錢，不然讓他好看。張某卻根本不在乎，還威脅對方如果敢說出去就弄一桶屎倒在他家門口。於是村裡人就只能找張某的爺爺奶奶說理，但爺爺奶奶根本管不住張某。

在村裡胡鬧了幾年後，張某的父親託人替兒子找了一份工作。工作沒做多長時間，張某就開始天天曠工去網咖玩，最後老闆就把張某開除了。沒了工作後，張某更是常常在網咖上網，一玩就是一整天，每天都沉浸在網路暴力和色情當中。

一天，張某和幾個狐朋狗友從網咖出來後準備去喝酒，在路上邊走邊聊天，張某對他們說，他想嘗嘗女人的味道。幾個狐朋狗友立刻附和著說，他們也想。等張某幾個人吃完飯後已經十一二點了，他們準備再去網咖上會兒網。由於網咖位置比較偏僻，張某等人在路上發現前面有一個獨自行走的女人，就在酒精的作用下動了強姦的念頭。於是，他們上去將這個女人拖到了一間破舊無人的房子裡，然後把這個女人輪姦了。

第二天，張某等人像沒事人一樣繼續到網咖上網，直到警察找到他們，張某等人才意識到自己闖下了大禍。最終張某被判處盜竊罪和強姦罪，接下來的 11 年都要在監獄中度過了。

一個人帶壞一群人
—— 青少年幫派犯罪

2014 年 3 月的一天早上 8 點，中國海南省東方市某鎮的一家手機店的員工前來上班時，被店內的情景驚呆了。手機店內一片狼藉，而且還少了多部手機以及現金等值錢的東西。很顯然，手機店遭遇了盜竊，工作人員立刻撥打了報警電話。

就在警方進行案件偵查的時候，該鎮再次發生了手機專賣店盜竊事件，而且作案時間和作案手段十分相似，很可能是同一人或同一夥人所為。當地警方立刻重視起來，還專門調來刑事偵查大隊的精幹力量進行偵破。

專案組的警察透過走訪受害者和周邊的商戶以及調取案發現場和周邊的監控影像，找到了許多有價值的線索。這些盜竊案不是一個人所為，而是一夥人幹的，也就是說這是一個犯罪集團作案。不過讓警方意外的是這夥犯罪分子居然大部分是未成年人，最小的只有 13 歲。

根據監控影像，警方看到了整個作案過程。在第一家手機專賣店被盜竊的那天凌晨，有 4 個少年鬼鬼祟祟地出現在了這家手機專賣店門口。他們分工十分明確，一個人站在附近警惕地看著四周，另外兩個人則負責撬門。這些少年的撬門手法十分老練，沒用多長時間就將捲簾門給撬開了。隨後，3 個人溜進了手機店內，拿走了 14 部手機、人民幣 3,000 多元現金以及其他值錢的東西。最後，4 個少年就離開了，迅速地消失在了監控範圍之外。

警方透過調查發現，這夥犯罪嫌疑人經常在市區內的網咖、家庭旅館和東方中學門口出現，於是警方就派人到這些地方蹲點調查。經過兩天的偵查，警方發現這個盜竊集團的成員一共有 7 個人，其中邢某和杜某是這個盜竊集團的頭目，其他成員都是在這兩人的安排下進行盜竊活動。

由於案件已經調查清楚了，警方決定開始行動。但考慮到犯罪嫌疑人大都是未成年人，警方首先採取了勸說其主動投案的方式，到犯罪嫌疑人的家裡進行走訪和說服。其中一名犯罪嫌疑人符某被說動了，並在父母的陪同下主動到警察局自首。符某為了配合警方工作，就主動透過簡訊約頭目邢某在一家網咖見面。

邢某在被警方抓獲後，很快就主動交代了整個犯罪過程。邢某告訴警方，他經常透過 QQ 聯絡其他犯罪嫌疑人。於是警方就利用 QQ 聊天套取了不少線索，並在家庭旅館門口抓住了另外兩名犯罪嫌疑人王某和吉某，他們兩人當時正準備去開房。很快，嚴某和孫某也被警方在一家賓館內抓獲。這樣只剩下了一名犯罪嫌疑人杜某，也是這個盜竊集團的頭目之一，他與被抓獲的邢某是這個盜竊集團中年齡最大的，都已經成年。剩下的犯罪嫌疑人都只是十三四歲的少年，不過有些人已經輟學了，只有 3 名犯罪嫌疑人還是在校學生。

犯罪嫌疑人邢某從國中起就輟學了，由於不服從管教，基本上不和家裡聯絡。邢某每天都在網咖和旅館打發時間。邢某有 5 個女朋友，他每天的生活除了上網和開房外，就是吃飯喝酒。其他幾名犯罪嫌疑人也是如此，經常在網咖附近遊蕩，認識了不少不良的社會青年。

吃喝玩樂的開銷很大，這些人又沒有收入來源，就常常聚集在一起商量著怎麼才能賺大錢。於是，這夥人就有了盜竊手機店的念頭。為了能順利得手，這夥人常常四五個一起作案，而且都選擇在凌晨。他們將盜竊來的手機賣到回收手機的小販那裡，然後將賣得的錢進行分贓。

根據警方的調查，這 7 名盜竊犯的父母都長期在外工作，不在孩子身邊。作為這個犯罪集團其中的一個成年人，邢某從小生活在農村，父母也都在家務農，他輟學後就來到城裡工作，並和叔叔住在一起。杜某從小生活在農村，由於是小兒子，被父母過度溺愛，從而養成了叛逆的性格。嚴某的父母都是鐵路員工，長期在外省工作，嚴某便只能和奶奶、二叔一起生活。孫某的父親在外地工作，他與患有精神疾病的母親一起生活。王某是家庭情況最為特殊的一個，他的父親因為搶劫罪被判了 10 年有期徒刑，母親常年在外工作，他從國中起便輟學了，到處混日子。符某和吉某的父親都是長途司機，常年在外開貨車，當他們得知兒子犯法時，還因為在外地工作無法趕回。

最終，已經成年的邢某和杜某被刑事拘留了。其他的人由於還未滿 16 歲 [013]，所以在拘留幾天後被父母領回家了。

青少年是一個十分特殊的族群，很容易誤入歧途。如今，青少年犯罪的現象越來越嚴重，尤其是青少年幫派犯罪更為猖獗。青少年幫派犯罪主要有以下幾個特點：犯罪動機簡單，往往一哄而起，很容易受到同齡人的影響；犯罪活動比較公開化。集結成一個團體的青少年會更加倡狂，頗有倚仗人多勢眾的架勢；團體較為鬆散，而頭目常常是一個或幾個有犯罪經驗的人。青少年幫派犯罪的現象在世界上都是較為普遍的，例如下面這個發生在英國的案例。

薩曼莎是個 15 歲的少女，她和單身的母親相依為命，在老師和同學們的眼中，薩曼莎是個很可愛的女孩，讀書也很

[013] 根據中國法律規定，年滿 14 歲但未滿 16 歲的刑事犯罪者會從輕處分。

用功。但當薩曼莎認識了一個名叫麥克雷恩的男孩後，她就徹底改變了。薩曼莎成了麥克雷恩的女朋友，還加入了麥克雷恩所在的組織。

麥克雷恩在過了新鮮感後，就不再在乎薩曼莎了，經常打罵薩曼莎，這讓薩曼莎很傷心。這個時候，薩曼莎的身邊出現了一個名叫薩基勒斯的男孩，他對薩曼莎展開了熱烈的追求。薩曼莎漸漸被薩基勒斯打動，就與薩基勒斯在一起了。

當麥克雷恩發現薩曼莎有了新情人後十分生氣，當即提出要和薩曼莎分手，並將薩曼莎踢出了組織。這讓薩曼莎十分痛苦，她開始覺得自己離不開麥克雷恩和他的組織，於是就央求麥克雷恩原諒自己。麥克雷恩提出了一個條件，他讓薩曼莎將薩基勒斯誘騙到約定地點，讓他出口氣。薩曼莎同意了。

一天，薩曼莎向薩基勒斯提出了要帶他去見家人的要求。薩基勒斯十分高興，他對薩曼莎說，他很愛她，想要和她成家生孩子。路上，薩曼莎還傳了幾封簡訊，她告訴薩基勒斯自己是在和表兄商量碰面的地點。

薩曼莎將薩基勒斯帶到了一個十分偏僻的社區，這個時候突然出現了幾個十幾歲的少年。這些人不由分說就將薩基勒斯打翻在地，然後用手中的棍棒不停地擊打薩基勒斯。最後，一個頭上綁著橘黃色布條的少年掏出了一把刀子，並向薩基勒斯的身上刺去。薩基勒斯一共被刺了6刀，其中最後一刀最為嚴重，刀子一直從胸口劃到了肝臟，還在肝臟處攪了幾下。

最終，薩基勒斯死了。用刀殺死薩基勒斯的人正是麥克雷恩，他同時還是一個幫派的老大之一，這個青少年幫派在倫敦惡名遠揚。

青少年為什麼容易拉幫結派並進行犯罪活動呢？這與青少年特有的心理需求是分不開的。幫派對於一個青少年來說是極具誘惑力的，因為一旦加入某個組織，就意味著自己能得到友誼、歸屬感和保護。如果一個青少年無法從家庭中獲得這些心理滿足，那麼就很容易加入一個組織，從而獲得安全感。例如上述案例中的薩曼莎，她完全可以脫離麥克雷恩和他的組織，但她卻覺得自己離不開。在幫派之中，青少年還可以擺脫心理困擾，例如來自學業上的壓力，或是從家庭、學校產生的自卑感和挫敗感。

此外，責任分散（diffusion of responsibility）的心理也促成了青少年幫派犯罪。責任分散的心理是由心理學家約翰·達利（John Darley）和比布·拉塔內（Bibb Latané）提出的。當時美國因為「姬蒂·吉諾維斯遇害案」而鬧得沸沸揚揚。這是一起由許多住戶目睹的殺人案，但讓人們憤怒和意外的是，這些住戶幾乎沒有對受害者做出實質性幫助，導致悲劇發生。人們紛紛譴責這些住戶的冷漠和見死不救。但心理學家卻提出了新的解釋，並將這種現象稱為責任分散效應，即如果個體被要求單獨完成任務，那麼責任感就會很強；如果是要求一個群體共同完成任務，個體的責任感就會被削弱，甚至會出現不作為的現象。

責任分散效應同樣適用於組織犯罪。在作案過程中，如果是組織進行犯罪，那麼組織成員就會有安全感和作案勇氣，因為犯罪的責任不是一個人在承擔。相反，如果是單獨犯罪，那麼就會產生強烈的恐懼感和罪責感。也就是說，在團體犯罪中，成員會因為人多勢眾而變得膽大妄為。

教育的缺位
—— 精神上的留守兒童

2012 年 3 月 17 日下午 6 點多，中國廣西壯族自治區浦北縣的一所職業學校發生了搶劫案，搶劫犯是兩個未成年的青少年閻某、石某。這兩人有很深的網癮，把零用錢都用在了網咖，當沒錢花後就開始合謀著怎麼弄錢，於是他們就想到了搶錢。

隨後，兩人便搭乘計程車來到了一所職業學校，並向學生宿舍走去。閻某、石某兩人找了好幾間宿舍都沒有發現人，直到 1 棟 3 樓時才發現了一間有人的宿舍，當時宿舍裡的人正在打牌。

閻某看到有人後，就將準備好的刀子放到腰間，走入宿舍內進行搶劫，而石某則在宿舍門口把風。宿舍裡的學生向林、劉華看到搶劫的只有一個人，根本不怕閻某，拒絕把錢交出來。閻某直接給了向林一巴掌，然後還踢了劉華一腳，最後閻某還隨手抓起宿舍內的一張四方凳子砸了向林一下。這下，向林和劉華都不敢再反抗，閻某就搶走了向林人民幣 30 元現金和劉華的 25 元現金。搶完錢後，閻某和石某就匆匆離開了這所職業學校，並將搶來的錢用來吃飯和上網。很快，兩個人就被警方抓住了。

法院經審理認為，閻某和石某的行為已經構成搶劫罪，由於考慮到兩人未滿16歲，依法從輕或減輕處罰。

如今，青少年犯罪已經成了令人矚目的社會問題。根據調查發現，剛離校的國中畢業生和輟學青少年犯罪比例較大，而且這些青少年犯罪分子大多沒有穩定的工作和收入。

青少年在從事違法犯罪活動時，通常都會結伴而行，很少有青少年會獨立作案。在許多青少年犯罪案件中，盜竊案和搶劫案的比例較高，因為青少年的作案動機十分簡單，只是圖財。不過青少年在選擇作案對象時，通常都會找弱勢族群下手，例如老人、婦女或學生，基本上不會將成年男子當成作案對象。

那麼，大好年華的青少年為什麼會走上違法犯罪的道路呢？其中有兩個主要原因是不容忽視的：第一個原因是不良的家庭環境，不少從事犯罪行為的青少年都成長於問題家庭，要麼父母當中有人犯罪或吸毒，要麼是單親家庭。青少年無法從家庭中獲得溫暖，其精神狀態就好像留守兒童一樣，所以通常都會到外面尋找臭味相同的夥伴，從而很容易產生邪念。第二個原因是社會環境的影響。青少年很容易被充滿暴力、色情的網路所吸引，因此極易誤入迷途。

日本長崎縣佐世保市一所市立小學的六年級中有一個名叫御手洗憐美的小女孩，她的母親在她 8 歲時就罹癌去世了，她與父親和哥哥住在一起。憐美的父親御手洗恭二有 3 個孩子，而憐美則是他唯一的女兒，因此深得父親的喜愛。

在 2004 年 6 月 1 日這天，憐美像往常一樣去上學。在中午的時候，憐美的父親接到了從學校打來的電話，老師告訴御手洗恭二一個噩耗，他的女兒在學校受傷了。御手洗恭二立刻趕到了學校，結果只看到了女兒的屍體。

首先發現憐美屍體的人是她的班導師。在當天中午 12 點半左右，班導師突然發現少了兩名女生，就趕緊去找。結果卻看到一個女孩回了教室，可疑的是這個女孩的手上和衣服上都沾滿了血跡。班導師立刻上前質問，結果該女孩說這些血不是她的。班導師立刻想到了憐美，於是便帶人去尋找憐美。約 10 分鐘後，一名老師在 3 樓的自習室發現了一個倒在血泊中的女孩，

這個女孩就是憐美。該老師立刻打電話報警。當警察和急救人員趕到事發現場後發現，憐美早已經死亡了。憐美的致命傷口在喉嚨處，她的喉嚨被人用利器割開，傷口很深，憐美流了很多血，而且憐美的頸部和手臂上還有許多被割開的傷口。

很快，案發現場就被警方封鎖了。學校也採取了措施，

下令五年級以下的學生暫時停課回家，而六年級的學生則留在班上接受調查。

警方將具有重大嫌疑的那名與憐美一起消失並且身上沾滿了憐美血跡的女孩帶到了警察局審問。嫌疑人在警察局承認了自己殺死憐美的事實，還交代了整個犯罪過程。後女孩的本名被媒體曝光為「辻菜摘」，一般稱為少女 A。

在案發的當天中午，少女 A 將憐美叫到了無人的自習室，然後引誘憐美坐在椅子上，並從背後遮住了憐美的眼睛，隨後就用美工刀割斷了憐美的喉嚨。

那麼，少女 A 為什麼要用如此殘忍的方式殺害憐美呢？原來憐美與少女 A 產生了矛盾，於是少女 A 就萌生了殺害憐美的念頭。在警察局，少女 A 對自己所犯下的命案十分後悔，她不停地哭著說：「我做了一件壞事。」

少女 A 和憐美都有自己的個人網頁，還喜歡透過電子郵件和手機進行交流。在 4 月分的時候，少女 A 和憐美以及另外一名女孩開始在祕密的聊天室聊天，並且在留言板留言。到了 5 月分，少女 A 換了個新髮型，於是她就興沖沖地將自己的新髮型發表在個人網頁上。憐美看到後就在留言板上留言，說少女 A 的新髮型不好看，還說少女 A 長得胖。少女 A 看到後十分不滿，於是就想要殺死她。在憐美被殺害之前，少女 A 和憐美曾在一次校內體育活動中大打出手。

那麼，少女 A 到底是怎麼想到用美工刀殺人的呢？她在殺害憐美的數天前就已經買好了美工刀，而且還曾用美工刀恐嚇過一名男孩。

少女 A 告訴警方自己之所以會拿美工刀殺人，是因為受到了一部推理劇的啟發，裡面講述了各種殺人事件，其中就曾出現過用美工刀殺人的鏡頭。而少女 A 看到了這一幕後，就記了下來。

此外，少女 A 還很喜歡看恐怖小說，其中《大逃殺》是她的最愛。《大逃殺》是高見廣春的作品，已經被拍成了電影。主要講述了一個學生互相殘殺的故事：日本政府由於對教育失去了信心，覺得教育無法阻止青少年進行暴力犯罪，於是就決定推行 BR 法，即每年從中學中抽取一個班級的學生去參加由軍方舉辦的生存遊戲，每個人都可以得到一種武器，他們會被送到一個荒無人煙的小島上，然後進行相互殘殺，最後能活下來的一個人就是勝利者。這部小說由於有許多有關暴力和殺人場面的描寫，所以在當時引起了很大的爭議，許多人都擔心小說會對青少年產生不良的影響。而少女 A 就受到了這部小說的影響。後來，少女 A 還模仿《大逃殺》寫了一篇小說，在這篇小說中，少女 A 描寫了一個班級的學生相互進行殘殺，而活下來的人只有一名少女。

青少年很容易受到外界的感染和刺激，例如同齡人的拒絕、諷刺和排斥，從而產生犯罪衝動。而且青少年在作案時手段通常都比較殘忍，甚至帶有一定程度的瘋狂色彩。不過關於具有暴力元素的電影、電視和小說等媒介是否會對青少年產生不良影響，一直存在著爭議。但可以確定的是，原本就具有暴力傾向的青少年，更容易受到這些具有暴力元素媒介的影響。

在上述案例中我們可以看出，少女 A 之所以會殺害憐美，動機十分簡單，就是因為一些小問題和小矛盾。青少年由於年齡小、社會經驗少，在考慮和處理問題時通常都會任由情緒主導，會採取一些極端的方法和手段來解決現實生活中的某些小矛盾。憐美就是因為嘲笑少女 A 的髮型不好看，所以遭到了少女 A 的記恨，並引來了殺身之禍。

那麼，該如何避免青少年走上犯罪道路呢？這需要家長和學校密切配合起來。首先是要謹防青少年出現夜不歸宿、曠課、酗酒、抽菸、網癮這些問題。

夜晚通常是絕大多數青少年罪犯選擇作案的時間，因此當青少年出現夜不歸宿的問題時，監護人一定要重視起來。

曠課是青少年走上邪路的開始，因此學校和監護人一定要重視起青少年的曠課問題，避免青少年用上課時間去上網或從事犯罪活動。

酒精不僅會損害青少年的身體，還會使青少年變得更加衝動，從而更容易引發打群架、搶劫和強姦等違法犯罪行為。不少青少年在犯罪之前都會喝酒壯膽。

抽菸對於一些青少年來說，是一種很酷的行為，但當他們一旦染上菸癮後，就很難戒除。由於沒有經濟來源，為了購買香菸，青少年很容易想到盜竊和搶劫。此外，吸菸還會對青少年的身體產生危害。

網癮也是許多青少年存在的問題，網路上不僅充滿了暴力和色情，去網咖也需要錢，不少網癮少年都是因為缺少去網咖的錢而盜竊或搶劫的。

此外，監護人和學校還需要加強對青少年的品德教育，主要從交友、控制情緒和法律觀念這三方面入手。

朋友對青少年的重要性是不言而喻的，朋友也會深深地影響青少年。如果青少年接觸到了社會上的不良青年，很容易會走上歧途。而且青少年通常很重視義氣，覺得為兄弟兩肋插刀是很光榮的事情，從而更容易參加打架鬥毆。情緒控制對青少年來說十分重要，因為青少年很容易在情緒不穩定的情況下產生衝動的行為。

法律教育是為了讓青少年明白犯罪行為會帶來嚴重的後果，不少青少年犯罪的案例中，犯罪分子根本就不知道自己的所作所為後果是多麼嚴重。

法律在保護誰？
—— 未成年人犯罪

1993 年 2 月 12 日下午，英國利物浦的一名女士丹妮絲（Denise）帶著她兩歲的兒子詹姆·巴爾傑（James Patrick Bulger）去購物中心買東西，在丹妮絲結帳時，小詹姆突然不見了，丹妮絲立刻向購物中心的保全反映情況，商場便開始播放尋人啟事，但還是未找到小詹姆。於是丹妮絲就撥打了報警電話。警方透過監控錄影發現，小詹姆被一個大孩子帶走了。

警方為了獲得更多與小詹姆失蹤有關的線索，便開始透過播放新聞的方式向大眾徵集線索。不少路人都反映曾看到兩個大孩子拉著小詹姆，有不少人都發現小詹姆表現很不尋常。

一個老婦人向警方反映她曾看到過小詹姆，當時小詹姆的臉上有青腫，她還上前詢問情況，結果那兩個大孩子告訴她，小詹姆臉上的傷是他自己不小心摔的。老婦人就告訴他們最好去找警察幫忙，還向他們指明了警察局的方向。但兩個大孩子卻帶著小詹姆朝著其他方向走了。老婦人這才起了疑心，便朝著他們大喊，但兩個大孩子都沒回頭。直到晚上，老婦人看到了有關失蹤男孩的新聞後，才覺得不對勁，於是立刻報了警。

一名女性也向警方反映曾看到過小詹姆，當時她還上前問他們在做什麼，結果兩個大孩子對她說，小詹姆迷路了，他們正想把他帶到警察局去。但這名女性卻注意到他們走的方向並不是警察局，她還看到了小詹姆臉上的傷，於是就問他：「你還好嗎？」小詹姆表現得很害怕，什麼也沒說。由於該女性當時正帶著女兒，而且女兒已經累得走不動了，於是她就拜託一個路過的遛狗女人照看一下自己的女兒，然後她帶著小詹姆去警察局，結果遛狗的女人拒絕了。這名女性就只能眼睜睜地看著兩個大孩子帶走了小詹姆。

一個寵物店的店員向警方反映，案發當天曾有兩個大孩子帶著小詹姆來寵物店，當時他就發現小詹姆臉上有傷，於是就準備攔下他們。但當時街上突然著火了，兩個大孩子就趁亂將小詹姆帶走了。

2 月 13 日，小詹姆的屍體被找到了，幾個在鐵道旁邊玩耍的小男孩意外發現了小詹姆的屍體。當時小詹姆的屍體被放在鐵軌上，已經被火車軋成了兩截。

法醫透過鑑定發現，小詹姆的身上有 42 處傷痕，主要集中在臉上和頭上，此外他的身體上還有多處骨折。顯然，小詹姆在生前曾遭受過虐待。

這起命案在當時引起了不小的轟動，人們十分同情小詹姆和他的母親，還專門在鐵道旁邊為小詹姆舉行了悼念儀式。不過警方隨後公開的案件資訊更讓人們覺得驚訝，殺害小詹姆的既不是人販子，也不是戀童癖，而是兩個看起來只有十來歲的小男孩。不過監控錄影中只能看到兩個男孩的背影，無法確定他們的身分。

根據這兩個男孩的背影，警方認為他們的年齡應該在10～14歲之間，於是警方就開始到各個學校進行排查，準備找出當天蹺課的學生。此外目擊者們也紛紛提供有關這兩個男孩相貌的資訊。很快，警方就找到了犯罪嫌疑人，這兩個男孩分別是喬恩（Jon Venables）和羅伯特（Robert Thompson）。而且警方還在他們的家中找到了沾有血跡的鞋子。

當喬恩看到警察後立刻大哭起來，他對警察說：「那個小孩不是我殺死的，都是羅伯特的主意，和我一點關係也沒有，我不想坐牢。」喬恩還說自己只是向小詹姆扔了兩塊磚，而羅伯特卻用鐵棍打小詹姆。喬恩還表達了自己對羅伯特的看法，他覺得羅伯特有些女氣，很喜歡洋娃娃，但同時還具有很強的攻擊性。最終，喬恩承認自己參與了殺害小詹姆的行為。喬恩還問自己的媽媽小詹姆的母親現在怎麼樣了，希望媽媽能代替自己向小詹姆的母親道歉，他很後悔這樣做。

當警方將喬恩帶到警車上後，喬恩一直詢問羅伯特的情況。而當警方要提取他的指紋時，喬恩立刻變得十分緊張：「這有什麼用？是不是碰了人的皮膚後就會留下指紋？你們要羅伯特的指紋了嗎？」

相較於喬恩的慌亂，羅伯特倒是表現得很鎮定，他告訴警方，在案發那天他的確蹺課了，但只是和喬恩在購物中心玩，雖然看到了小詹姆，但並沒有將小詹姆帶走。在離開購物中心後，他就和喬恩去了圖書館，然後就回家了。當警方質問羅伯特：「為什麼監控錄影上帶走小詹姆的那個男孩穿著和你一樣的夾克？」羅伯特鎮定地回答道：「這種夾克很常見，到處都有賣的。」

為了讓羅伯特親口承認整個作案過程，警方還找來了心理專家。心理專家從羅伯特的家人那裡了解到，羅伯特很喜愛洋娃娃，尤其是能說話和唱歌的洋娃娃。於是，心理專家就帶著一個木偶去找羅伯特談話。

最終，羅伯特承認自己帶走了小詹姆，但卻說殺死小詹姆的是喬恩，自己當時還試圖阻止，不過沒成功。羅伯特還利用木偶演示了整個作案過程。

在案發的當天，羅伯特和喬恩都蹺課了，他們在學校外意外相遇，並一起結伴去玩，他們特意將書包藏到了一個祕密的地方，還換掉了校服。然後，兩個人就去了購物中心，他們很喜歡到商店偷東西和搞破壞。後來，兩個人將店員惹怒了，就被趕出了店裡。這時，他們發現了小詹姆，就決定誘拐一個小孩玩玩。喬恩用偷來的糖果成功將小詹姆騙走了。

當小詹姆發現媽媽不見時，立刻哭了起來。喬恩和羅伯特為了防止引起路人的懷疑，就開始毆打小詹姆不讓他哭。他們將小詹姆帶到了無人的鐵軌附近，然後便開始虐待小詹姆。

他們脫掉了小詹姆的夾克和褲子，並將偷來的顏料都潑到小詹姆的臉上，小詹姆害怕極了，開始又哭又叫。於是，他們就朝著小詹姆扔石頭，還用鐵棒毆打小詹姆。他們還往小詹姆的直腸裡塞了兩截電池，羅伯特可能將小詹姆當成了洋娃娃，塞進電池看看小詹姆到底會不會像洋娃娃一樣說話和唱歌。

當羅伯特和喬恩發現小詹姆斷氣後，就將他的屍體放到了鐵軌上，他們認為火車會幫他們銷毀線索，警察會以為這只是一起意外事故。其實當時小詹姆並未死亡，他在軌道上等上一段時間後才死亡的。

由於喬恩和羅伯特都是未成年人，因此按照法律規定應該被判刑 8 年，但因為人們的憤怒，法官加判了兩年，儘管如此人們還是十分憤恨，並向英國內政大臣麥可·霍華（Michael Howard）遞交了一份由 2.8 萬人簽名的請願書，於是霍華就將兩人的刑期增加到了 15 年。

羅伯特和喬恩的辯護律師自然不會同意，於是就將霍華告上歐洲人權法庭，抗議政府干預司法判決。最終，兩人被判決在 2001 年獲得假釋。

2001 年，羅伯特和喬恩獲得了自由，並且獲得了新的名字和身分，回歸到社會中，很少有人知道他們曾經殺害了一個無辜的小孩。但小詹姆的媽媽卻還未從喪子的陰影中走出來。

許多國家和地區為了保障兒童、青少年的健康成長，都專門制定了未成年人保護法。但當未成年人犯罪時，未成年人保護法好像成了犯罪分子的保護傘，尤其是當受害者或被害者也是未成年人時，人們很容易產生憤怒和疑惑，未成年人保護法到底在保護誰？

青春期對於每個人來說都是一種挑戰，但有些人卻採取了暴力和攻擊的方式。研究顯示，一個人如果在兒童時期就出現了品行障礙，那麼到了青春期就極有可能會走上違法犯罪的道路。而且這些有品行障礙的人即使到了成年時期，也很容易繼續犯罪，例如上述案例中的喬恩，在獲得假釋後多次因為鬥毆和持有毒品而被警方傳喚，還被發現在電腦中存有大量的兒童色情資料。

第七章

我是瘋子我怕誰——精神病人犯罪

瘋子出門殺人
—— 思覺失調症

2012 年 6 月 21 日下午 5 點 40 分左右，在中國陝西西安市東大街的一家烤鴨店門口發生了一起命案，被害人是一名 21 歲的女子，名叫陳某。據目擊者反映，陳某與犯罪嫌疑人在經過烤鴨店門口時，因擦撞發生了爭執，然後犯罪嫌疑人就從架子車上抽出了一把菜刀，向陳某的頭部和頸部砍去，陳某的雙側頸總動脈被菜刀砍斷，並引起了大出血，最後因失血性休克當場死亡。很快，犯罪嫌疑人就被抓住了，是一個 24 歲的男子，名叫田榮榮。

田榮榮老家在咸陽彬縣，在案發當天他正拉著自己拾荒的架子車在東大街走，然後在轉彎處與陳某發生了擦撞，於是就用菜刀砍死了陳某。

由於涉嫌故意殺人，田榮榮被西安市的警方刑事拘留，然後由西安市人民檢察院提起公訴。但由於田榮榮患有思覺失調症，在其行凶時，正處於思覺失調症發病期，因此喪失了行為的辨認和控制能力，依照法律規定不負刑事責任。再加上田榮榮的經濟能力有限，被害者家屬索要巨額賠償的要求也落空了。

對於西安安康法醫精神病司法鑑定所給出的鑑定結果，被害者的家屬表示不服，於是就請上海司法鑑定科學技術研究所司法鑑定中心再次為田榮榮進行精神鑑定。鑑定的結果依舊是，田榮榮患有思覺失調症，在行凶時正好處於發病期，當時不具備刑事責任能力。

這個結果讓陳某的家人難以接受，畢竟陳某是家中的頂梁柱，當她的母親宋某拿到判決書後，得知田榮榮不僅不需要承擔刑事責任，就連賠款也無力支付，立刻覺得日子沒辦法過了。

在宋某的心中，陳某是個十分懂事的女兒。在陳某小的時候，父母常年在外地工作，家裡就靠她一人照顧 3 個弟妹，她不僅要照顧弟妹的日常生活，還要送他們上學，那個時候陳某才只有 8 歲。

到了 16 歲，陳某便早早地輟學工作，家裡的經濟條件實在拮据，依靠父親一人在煤礦工作，只能勉強糊口，根本還不完外債，而且母親還有病不能工作。

賺錢後，陳某根本不捨得花錢，她把薪水全都存了起來，希望能幫助家裡還債。有一次，陳某剛領了薪水卻被小偷偷走了，那一次她傷心了好長時間。2011 年，陳某將辛苦存下的人民幣2萬元都寄給了家裡，她還透過簡訊勸父親，讓父親不要在煤礦上班了，那份工作太危險，她還說自己現在每個月能賺3,000元了，家裡的外債就由她來還。

對於陳家來說，陳某就是他們生活的希望，但如今陳某被人殺害了，陳家又得不到賠償，生活一下子變得艱難起來。陳父患有風溼病，不能外出工作，還需要花錢買藥，宋某的身體也不好。於是，陳某最小的妹妹也只能輟學賺錢。面對一個精神病人犯下的罪行，他們無可奈何。

思覺失調症是一種十分常見的精神病。患者會存在思維、感知覺、情感、行為等許多方面的障礙。通常情況下，思覺失調症患者的認知功能和智力是正常的，但有些患者會出現認知功能的損害。有些患者在接受治療之後基本可以痊癒。

提起思覺失調症，人們通常會想起瘋子，並且按照字面的意思理解，認為思覺失調症患者在病發的時候會變成一個充滿了暴力傾向的瘋子。此外，人們還很容易將思覺失調症（schizophrenia）和解離性身分疾患（dissociative identity disorder, DID）這兩個概念混淆。有不少人都認為思覺失調症就是指一個人的人格是分裂的，其實不然。最早提出思覺失調症這個概念的是一位瑞士的精神病學家。他對思覺失調症的定義是，思維和感情上的分裂。也就是說，思覺失調症的患者只有一個人格，而不是像解離性身分疾患的患者一樣擁有那麼多的人格。

此外需要注意的是，雖然思覺失調症的患者只有一個人格，但卻是破裂的，具體表現就是現實與幻覺的斷裂，正因如此患者才分不清現實與幻覺之間的區別，也才會出現大量幻覺。而解離性身分疾患的患者所擁有的那麼多人格，都是完整的。

關於幻覺方面，解離性身分疾患的患者會認為自己聽到的聲音來自內部，是自己跟自己對話，並且能意識到這是幻覺，不是真實的，有時候甚至會用理智壓抑這種幻聽。但對於思覺失調症的患者來說，他會認為那種聲音是外在的、真實的，他們會毫不猶豫地相信實際上並不存在的幻覺，有時候甚至會堅定不移地執行。

在思覺失調症患者殺人的案件中，許多人都會為被害者和他們的家屬感到不公平，認為殺人犯因為患有思覺失調症而不負刑事責任，實在太便宜他了。法庭審理此種類型的案件時，會將精神鑑定意見書當成參考，並不一定會完全按照精神鑑定的結果來判案，例如下述案例。

2013 年 5 月 20 日的晚上，中國北京市的一處平房區的一間屋子內發生了一起傷人案件，傷人的是李某，受害者是諸某。李某和諸某是關係不錯的朋友，從 5 月中旬起便居住在一起。在案發當天，李某在睡醒之後突然發現自己的手錶不見了。鄰居得知後就對李某說，可能是諸某拿走了。到了晚上7點左右，諸某在外喝酒回來，李某立刻質問對方是否拿走了自己的手錶，諸某立刻否認，兩人因此爭吵起來，並動起手來。在這個過程中，李某發現桌子上有一把水果刀，於是就拿起水果刀捅向諸某的腹部。看到諸某血流不止後，李某變得慌張起來，立刻逃離了案發現場。而諸某則被鄰居送往醫院急救，到了第二天凌晨，諸某因為傷重不治身亡。很快，李某就被警察抓住了。

在警察局，李某老實交代了自己捅傷諸某的整個過程。此外，李某還主動交代了其他犯罪事實，主要有1次酒後滋事傷人、26次入室盜竊。根據李某的交代，他從2012年起便開始盜竊財物，除了手機、首飾、數位產品這類值錢的東西外，李某還盜竊過公車卡、紀念幣、香菸和硬幣等一些不值錢的東西。

不過，李某是一名思覺失調症患者，這是北京市公安局強制治療管理處司法鑑定中心鑑定的結果。也就是說，李某在實施違法行為時，可能因為受到思覺失調症的影響，從而使控制能力受損，他極有可能不用負刑事責任。

北京市三中院在開庭審理李某所犯下的案件時，考慮到李某在入室盜竊時的作案動機現實，沒有受到思覺失調症的影響，具備辨認和控制行為的能力，因此需要承擔全部的刑事責任。最終，李某因為故意傷害罪、尋釁滋事罪、盜竊罪被合併判處有期徒刑 15 年，剝奪政治權利 3 年，處罰人民幣 2, 000 元，並承擔民事賠償 5 萬餘元。

由於新聞媒體、電影和電視節目的影響，許多人都對精神病患者產生了不好的印象，認為精神病患者不僅瘋狂，而且充滿了暴力，他們傷人殺人都是不用承擔法律責任的，因此遇到精神病患者就要退避三舍。但實際上，大約 90%的精神病患者都不會傷人，更別提殺人了。實際上，大多數精神病患者更傾向於自殘。

思覺失調症患者中有時也會出人才，例如數學天才奈許（John Forbes Nash），他不僅提出了著名的賽局論，還獲得了諾貝爾獎。奈許在普林斯頓大學就讀的時候，已經提出了賽局論的雛形。但不久之後他就開始被思覺失調症所困擾，他總是會做出一些令人費解的行為，後來甚至還宣稱世界末日到了，外星人和他進行了聯絡。奈許甚至懷疑自己在美國會受到迫害，就跑到歐洲去了。在那裡，他向人們宣稱美國的制度從根本上就是一個錯誤。後來奈許被遣送回國，對此奈許認為自己像一個奴隸一樣被鎖回了國。

思維障礙是思覺失調症的主要症狀表現，主要包括兩種障礙，即思維形式的障礙和思維內容的障礙。如果是思維形式的障礙，那麼患者在邏輯思考方面就會出現問題。而思維內容的障礙主要表現為妄想。例如患者的腦袋中經常會冒出一些稀奇古怪的想法，即使在沒有證據的情況下，也會漸漸相信那就是事實。在妄想方面，最常見的就是被害妄想。據統計，在思覺失調症患者中，有 80%的患者都表現出了被害妄想。

被害妄想有時候會讓精神病患者表現出很強的攻擊性。

2013 年 1 月 15 日下午 1 點 45 分左右，湖南婁底市新化縣上梅鎮北渡小學發生了殺人事件。殺人的是新田村村民王志初，他拿著一把刀子翻牆進入了北渡小學，然後用刀子攻擊正在上體育課的學生，導致兩名小學生重傷死亡。

很快，王志初就被警方給控制住了。根據湖南省芙蓉司法鑑定中心的鑑定結果，王志初是個思覺失調症患者，經常會陷入被害妄想中，而且還存在十分嚴重的暴力傾向。這意味著，王志初在行凶時是沒有行為辨認和控制能力的。也就是說，他沒有刑事責任能力。不過考慮到王志初有嚴重的暴力行為傾向，可能會繼續危害社會，因此王志初被強制接受治療。

漠視他人權利
—— 反社會人格

2000 年 9 月 1 日傍晚時分，中國湖南常德市農業銀行江北支行北站分理處門口突發了一起搶劫殺人案。3 名戴著帽子的蒙面歹徒突然從人群中竄出，然後開槍打死了 3 名押車的經濟警察和兩名出納員，還搶走了兩支微型衝鋒槍和 20 多發子彈，就連街旁的一名計程車司機也不幸成了歹徒的槍下冤魂。

所幸，銀行的兩名女職員及時按響了櫃檯下的警鈴。警鈴的聲響讓歹徒變得慌亂起來，在開運鈔車後廂門時不小心將鑰匙扭斷了，於是搶劫未遂的歹徒選擇了先逃命。在逃命的過程中，歹徒還不忘繼續行凶，打死了 1 名路過行人，打傷 3 名行人，還將一名 3 歲女孩撞傷了。常德市的警察在接到報警電話後，立刻趕到了案發現場，並一邊維護現場秩序，一邊追捕歹徒。

很顯然，這是一起精心策劃的搶劫殺人案，警方沒追上歹徒。到了 9 月 2 日的晚上，當地警方決定採取地毯式搜查的方式尋找歹徒，僅僅依靠警力是遠遠不夠的，警方就在常德市發動民眾配合調查和提供線索。

地毯式的搜查很快有了結果，警方在鼎城區的一個河堤上發現了一輛被遺棄的計程車，這應該是歹徒逃跑時乘坐的計程車。警方還在後車廂和附近的鬆土處發現了4具被槍殺的屍體。經過調查，只確定了3名死者的身分，剩下的1具屍體的身分無法確定。最關鍵的是，警方還在河堤附近的草叢裡發現了一枚彈殼，經檢驗，這是案發當天歹徒所使用的槍支發射出來的。

隨著調查的深入，警方將一個名叫李京生的常德人重點監視起來，因為此人與犯罪嫌疑人的關係不一般，那些歹徒經常在他開的「胖子酒家」吃飯和聚會。

身在益陽的犯罪嫌疑人趙正洪也被警方監視起來。9月4日晚上，益陽的警方接到線報，趙正洪似乎想要外逃。9月5日上午11點左右，趙正洪正要搭車去汽車站時，被警方抓住。

透過審訊，警方從趙正洪那裡了解到另一名犯罪嫌疑人的藏身之所，這名嫌疑人名叫李澤軍，警方將其抓獲時，還在他的住所搜出了一支已經上膛的獵槍和3發子彈。

9月5日12時47分，常德市的警方也開始行動了，將與犯罪嫌疑人關係密切的李京生抓獲。13時30分，搶劫案主謀張君的情婦陳樂也被警方抓獲。

警方從陳樂那裡了解到搶劫案主謀在常德市的住處，並在那裡搜查出了許多槍支和子彈，還有作案工具。

9月6日下午4點，犯罪嫌疑人王雨被警方抓獲。9月9日晚上8點左右，嫌疑人嚴若明被警方抓獲。

雖然犯罪嫌疑人一一落網，但警方依然不敢懈怠，因為搶劫案的主謀張君依然逍遙法外，不過警方已經掌握了一條重要線索，就等著張君現身並將其抓獲。9月13日，警方抓住了張君的另一名情婦，名叫楊明燕，據她交代，在5日這天與張君見過面，當時張君為了籌錢，還賣掉了一輛藍色桑塔納車。

在9月4日，張君曾專門喬裝打扮了一番，然後獨自一人從常德來到長沙，並在長沙乘坐飛機到了廣東廣州。他這麼做其實是為了將警方的視線引到廣州。警方也將計就計，透過新聞媒體施放煙幕彈，造成警方已經將抓捕重點放在廣州的假象。實際上，警方的重點抓捕工作是在重慶，因為張君在廣州向常德打了6通電話後，就搭乘飛機從廣西桂林繞道後到達重慶。

9月19日，重慶警方得到一條重要消息，張君要在渝中區觀音岩或南紀門現身，並與一名女子見面。到了晚上快10點時，一名身著深藍色圓領衫的男子出現在了觀音岩處，他就是張君。幾分鐘後，張君被埋伏在附近的警察抓獲。

剛被抓住的張君十分震驚和憤怒，一直不斷地嗷叫，似乎在發洩情緒。在最初審訊的時候，張君表現得十分囂張：「要不是我太疏忽大意，警察就是再隔10年也別想抓住我！」

不過很快，張君就冷靜了下來，並開始招供，還對著攝影機的鏡頭說：「兒子，你們千萬不要像我一樣作惡，要自食其力，就算別人掉在地上的錢也不要撿。像我這樣『高智商』的人都栽在了警察手裡，其他的人就更不用提了。」

10月7日晚上10點多，最後一名犯罪嫌疑人陳世清在常德安鄉縣被抓捕。張君是這個搶劫殺人犯罪集團的主謀，該犯罪集團不僅跨省作案，而且時間長達8年，犯下了10餘起案件，死、傷將近50人。

作為這個犯罪集團的主腦人物，張君做了許多準備工作，他會千方百計地搜集槍支彈藥，還專門研讀了《輕武器射擊實用手冊》、《國造槍械列傳》、《中國人民解放軍之攻與防》等相關書籍。

在每次搶劫之前，張君都會命令所有人去作案地點踩點，而且一踩點就是十多天。每個人還得按照張君所規定的，每天寫踩點日記。這樣充分的準備工作，讓張君及其同夥對作案地點和逃跑路線十分熟悉。

張君經常安排組織成員在山裡進行打靶訓練，為了不引起懷疑，他們還專門在槍上安裝了消音器。

每次作案完畢，張君都會將組織成員手中的武器彈藥收起來並藏在一個祕密地點，進行統一保管。

張君十分重視組織成員的忠誠度。每個組織成員在入夥之前都必須得殺人。警方在常德市鼎城區的一個河堤處發現的一具無名屍，就是張君為考驗李京生，讓他開槍殺死的。原來李京生是張君的好朋友，了解許多犯罪集團的情況。張君本想殺人滅口，但想到李京生還有利用價值，就讓李京生開槍殺人。在張君看來，這是一個考驗。如果李京生不敢開槍殺人，那麼他就會將李京生殺死。

在所有的組織成員中只有一個人例外，這個人叫王雨。當張君讓他殺人入夥時，王雨因為膽小不敢殺人。王雨之所以沒有被張君殺死，是因為他是張君的表外甥，張君正是看在親戚的面子上才饒了王雨一命。

為了避免組織成員背叛自己，張君不止一次地放出狠話，誰要是洩露了組織的祕密，就要殺死他全家。此外，張君還定下了許多規矩，凡是違反規矩的成員都要付出代價。有一次，李澤軍違反了規矩，就自己用刀剁掉了左腳小指頭。

起初，張君只是獨自作案，後來漸漸將自己的親戚和朋友拉下水，讓他們加入自己的違法犯罪活動中。例如：李澤軍就是張君的外甥。在父母和村民們的眼中，李澤軍是個老實的好孩子，從來不做打架鬥毆、偷雞摸狗之類的事情。在入夥之前，李澤軍和很多外地工作的人一樣，辛辛苦苦賺錢。在張君最初拉他入夥時，李澤軍也猶豫過，但還是沒能抵住張君的誘惑，他覺得跟著張君，能過上比工作賺錢強得多的日子。

張君出生在湖南省常德市安鄉縣安福鄉花林村一個貧窮的農民家庭，家中有 7 個兄弟姐妹，他是年紀最小的一個。在張君 14 歲時，他的母親就因患子宮癌去世了。張君腦袋聰明，在學校的成績並不差，但卻是個很喜歡搗蛋的學生，高一時因為打架傷人而進了少管所。

1987 年，張君認識了一個女孩肖某。在兩人準備結婚時，卻遭到了肖父的反對。張君沒有像普通青年一樣放棄，而是用暴力手段脅迫肖父，他帶著 3 把刀子到肖家示威，揚言如果不將女兒嫁給他，他就殺死肖家所有人。

就這樣，張君與肖某結婚了。婚後不久，肖某就發現張君很不可靠，整天在外面鬼混，從來不找正經工作做。肖某也曾嘗試著勸說張君走正途，但卻遭到了張君的辱罵和毆打。幾年後，肖某終於忍不住了，她向張君提出了離婚，張君非但不同意，還威脅要殺死肖某，肖某只能去外地工作。張君也沒閒著，離開了家鄉，並漸漸開始違法犯罪活動。1995 年，肖某在張君缺席的情況下離了婚。此後，肖某就開始帶著兩個兒子獨自生活。

張君屬於反社會型人格，這是一種偏離正常人格的人格障礙。反社會型人格者在道德情感方面是極度匱乏的，可以說就是一個道德白痴。反社會人格者在情緒、情感體驗上與正常人不同，通常都是非常冷漠的，他們似乎沒有恐懼和內疚的感受。

反社會人格者的變態行為通常在 15 歲左右才出現，超過 18 歲後才能被診斷，但反社會人格者在其兒童期就已經表現出異常了，例如喜歡欺騙、偷盜、打架、蹺課等。反社會人格者進入青春期後，通常會出現過早的性行為，甚至是性犯罪。

具有反社會人格的人在成年後，會出現許多不負責任的行為，例如對家庭不負責、欠債不還等。在步入而立之年後，部分患者的反社會行為會有所緩解。但出於感情的匱乏，具有反社會人格的人往往很難與周圍人建立起真正的親密關係。

殺人犯法
—— 為何精神病人例外？

42 歲的方冉是中國陝西西安人，她有一個特殊的家庭，她的弟弟方林已經 36 歲了，每天都被一根鐵鍊拴在家裡，只能與父母和姐姐方冉進行交流。5 年前，方林曾離家出走，後來是警察在市區一個地下通道處，發現了已經昏睡了兩天的方林。

之後，方林就被父母帶回了家。起初方林顯得很正常，就是不怎麼說話。但不知從什麼時候起，方林就開始變得充滿了攻擊性，會無緣無故地抄起東西傷人，就連對父母也是拳打腳踢。

如今，方林的家裡除了簡易方凳和床以外，幾乎沒什麼家具，因為家裡的家具基本上都被方林摔壞了。而且，方林所居住的屋子沒有什麼照明的東西，這是為方林的安全考慮。

在方林剛開始發病的時候，方冉曾想過要將他送到精神病院去。畢竟父母的年紀大了，父親的身體不好，還有點阿茲海默，方冉的母親一個人無暇照顧兩個人。母親最終不同意將方林送到精神病院，就算她曾被兒子打過，但她依舊愛兒子，她無法想像方林住進精神病院會是什麼樣的情形。

後來，方冉就想到了一個辦法，將方林用鐵鍊鎖在家裡，這樣方林就不會到處惹事了。雖然方林因為一根鐵鍊被迫與外界隔離開來，但他至少還有親人的陪伴。在方冉看來，這是最好的解決辦法了，可以讓方林不自傷和傷害他人。

自從方林出事後，方冉已經放棄了多次升遷的機會，因為她知道一旦自己把所有的時間都用在工作上，就無法照顧父母和弟弟了。方冉每個星期都要回家兩趟，每次回家都會購買許多食物，這些食物夠父母和弟弟吃上兩三天。方冉的父親和弟弟不能下樓，母親因為要照顧他們，下樓的次數也很有限。

社區服務中心的醫務人員得知方林已經被鐵鍊拴了4年後，就派專員勸說方冉，讓她打開拴住方林的鐵鍊。方冉被說動了，但鐵鍊打開沒超過兩天時間，她又將方林鎖上了，因為方林根本無法控制自己的行為。

方冉希望弟弟有一天能康復，像正常人一樣生活，但這個願望能實現的希望非常渺茫。可能有一天，方冉還是得將弟弟送到精神病院去。因為有一個精神病弟弟，方冉的丈夫、婆婆對此很不滿，好像患有精神病的弟弟丟了他們的臉一樣。為此，方冉的壓力很大。

方冉的遭遇，相信身邊有精神病患者的人會感同身受。提到精神病人，人們就會想起無法控制自己行為的瘋子。在許多人的眼裡，精神病人就是一個異類。對於精神病人的家人來說，被人知道家裡有精神病患者是一種恥辱。正因如此，精神病人往往無法接受有效的治療。通常情況下，家人都會將精神病人關起來，防止他們做出出格的事情。但是，這種解決問題的方式，顯然只會讓精神病人的症狀越來越嚴重。

一個人從出生開始直到成年，在這個成長過程中我們會漸漸了解所生活的人類社會的道德準則和法律法規。對於一個能控制自己言行的人來說，必須遵守道德準則和法律法規，這樣才能融入周圍人的生活中去。但是很顯然，精神病人不具備這樣的能力。那麼當精神病人出現違法的行為時，例如殺人，我們該如何對待他呢？法律告訴我們，精神病人不具備刑事責任能力，因此不用負刑事責任。那麼，法律為什麼會如此規定呢？這與我們的道德直覺有關。

獼猴和人類一樣也是群居動物，雖然牠們不像人類這樣有明文規定的法律，但獼猴也得遵守規矩，不然就會被其他獼猴教訓。1972 年，在德克薩斯州一個封閉的環境中，一位靈長目動物學家在觀察獼猴的習行時，發現了一隻有問題的小獼猴，以下簡稱 A。

這隻小獼猴 A 從小就與猴群中的其他獼猴不同，牠會橫衝直撞，有時候會撞進灌木叢和仙人掌叢，將自己弄得遍體鱗傷，有時候牠還會撞上其他獼猴。在猴群中，無緣無故的相撞會被當成是挑釁，如果一隻獼猴撞了另一隻獼猴，那麼通常被撞的獼猴會覺得對方侵犯了牠，牠們之間就會發生打鬥。

但如果 A 撞上了其他獼猴，對方根本不會去打牠，好像知道 A 無法控制自己的行為一般，會覺得毆打的懲罰方式對 A 根本不奏效。就算毆打 A 一頓，下一次牠還是會無緣無故地撞上其他獼猴，這是 A 無法控制的。

這種現象或許可以解釋為什麼瘋子殺人毋須負刑事責任。殺人犯法這是我們從很小的時候就知道的常識，我們不能隨意剝奪他人的生命，這對被害者和他的家人來說是不公平的。但如果行凶者是個精神病人，從道德感上來講，我們會陷入兩難的選擇之中。一方面我們同情被害者及其家人，認為他們不該遭此橫禍；但另一方面行凶的精神病人也是值得同情的，他飽受精神疾病的折磨，他的家人也是如此。在面對如此兩難的境地時，我們通常需要用我們的道德直覺去做判斷，這是我們在長期演化過程中被賦予的能力之一。而猴群中所有獼猴對 A

的態度，就相當於我們憑道德直覺所做出的判斷，即法律法規只針對正常人，即具有刑事責任能力的人。

精神病人除了要飽受精神疾病的折磨外，還被剝奪了自由選擇和接受審判的權利。例如下述案例中的張某。

2013年7月2日，陝西渭南澄城縣王莊鎮一個村莊裡發生了一起令人震驚的命案。在當天晚上7點左右，63歲的張老漢和老伴被患有精神病的兒子張某殺害。

張某手中拿著棍棒，瘋狂地攻擊父母，張某胸前的包裡還插著一把菜刀。當時有許多村民目睹了整個案發過程，但根本不敢上前阻攔，只能等警察來，因為張某顯得極其瘋狂，很可能會傷害阻攔者。

當地的縣公安局偵查大隊派出了20餘名警察，才將張某制伏。張老漢和老伴雖然被送到醫院接受治療，但還是因傷重不治身亡。

當地警方認為這是一起故意殺人案，並開始立案偵查，但透過司法鑑定，張某患有精神病，屬於重度思覺失調症，而且在案發時正處於發病狀態，沒有刑事責任能力。不過考慮到張某有強烈的攻擊性，會給周圍人帶來傷害，法院作出讓張某接受強制治療的判決。隨後，張某就被送到了澄城縣東大街精神病醫院。在接受了一年多的治療後，張某的症狀有了一定的緩解。

在張某所居住的村莊，村民都知道張某是個瘋子，他經常會光著身子在村裡亂跑，還會對村民做出攻擊行為。當時就有人擔心張某會鬧出什麼亂子來，但誰也沒想到張某瘋狂起來居然會殺人，而且殺死的還是自己的父母。

據有些村民回憶，張某是從高中開始變瘋的。張某國中時成績還不錯，後來便考入了縣城的一所高中。由於家裡經濟條件不好，張某從父親那裡得到的生活費很少，因此張某就偷了同學的財物，被同學知道後，遭到了一頓暴打，從那以後張某的精神就失常了，成了誰也控制不住的瘋子。

在人們的心中，瘋子始終是安全的隱患，因此人們都不喜歡瘋子出現在自己的生活中。這樣法院在審理精神病人的案件時，通常都會採取強制的方式，將犯法的精神病人送到精神病院接受治療。

精神病人被送到精神病院後，就會被安排接受治療，但沒有人知道精神病人需要接受多長時間的治療，可能是幾個月，也可能會在精神病院裡待上一輩子。

精神病人想要獲得自由，就必須接受醫院等權威部門的鑑定，只有他的精神狀態被證明恢復正常了，精神病人才有可能從精神病院離開。當然，精神病人在精神病醫院裡接受什麼樣的治療，也不是他自己能決定的，這得由醫生做主，例如對精神病人強制注射某種精神類的藥物。

著名經濟學家奈許就曾被強制送入精神病院接受治療，他當時正在歐洲，然後被強制送回美國，他認為自己像個奴隸一樣被鎖回了國。奈許一共兩次進入精神病院接受治療，這兩段經歷對奈許來說十分痛苦。

在第一次入院治療中，心理醫生問及奈許的童年經歷。奈許的同事去探望他的時候，奈許告訴同事說：「我只有變得正常了，才可以從這裡出去，但我從來沒有正常過。」

奈許第二次入院接受治療，是被妻子強行送入精神病院的。在那裡奈許接受了藥物治療，也就是注射胰島素，如今這種藥物治療已經被禁止。奈許因為被注射了大量的胰島素，所以陷入了長時間的昏迷中。等奈許清醒了之後，他變「乖」了。對此有人認為，奈許的正常好像是被人「打」乖了。

半年後，成功脫下精神病服的奈許，在走出精神病院後所做的第一件事情就是找到兒時玩伴，他對好友說：「跟我講講我們小時候的經歷吧，這次的治療幾乎讓我的童年變成了空白。」這一次的入院經歷讓奈許對藥物治療心有餘悸，他拒絕再接受任何藥物治療，因為這種治療雖然可以緩解他瘋狂的症狀，但卻讓他的思維變得遲鈍起來。

法院還會剝奪精神病人接受審判的權利。如果一個人被控有罪，那麼就會在法庭上接受審判，並且還可以為自己辯護。但精神病人是沒有這項權利的，法院會認為精神病人沒有接受審判的資格，從而直接將精神病人強制送到精神病院。

在有些人看來，只要殺人犯是精神病人，那他的殺人行為就不算犯法。但在實際審判中，法官會考慮行凶者在殺人時是否處於發病期，而且精神病的症狀必須與作案行為之間存在直接的因果關係。在這種情況下，瘋子殺人才不算犯法。

如果一個殺人犯被鑑定患有嚴重的精神疾病，但在作案時卻處於間歇期或病情緩解期，那麼他就必須為自己的殺人行為負刑事責任。再者，就算精神病人在殺人時處於發病期，但如果症狀與作案行為之間沒有直接的因果關係，也不能逃脫法律的制裁，法官會根據具體情況，讓其承擔相應的刑事責任。

精神鑑定
—— 對精神疾病的界定

安德莉亞·葉茨(Andrea Pia Yates)是一個37歲的家庭主婦,還是5個孩子的母親。在2001年6月20日的早晨,她做出了一件令人震驚的事情,她讓自己的5個孩子全都溺死在了浴缸裡。她為什麼要這麼做?葉茨說,她這麼做是為了將孩子從撒旦那裡拯救出來。而撒旦就在葉茨的身體內,想要擺脫撒旦,就得將她的孩子全都殺死,這樣她就會被處死,撒旦就不會再纏著她了。

在開庭審理該案件時,葉茨的律師證明她是個精神失常的人,而且常常被幻想所控制。律師還提供了許多證據,既有專家的證明,也有葉茨的失常經歷。葉茨曾經有過兩次自殺未遂的經歷,而且在自殺之前就已經被診斷為患有精神病,後來還在精神病院裡待了一段時間。這些證據均可以證明,葉茨之所以會溺死自己的孩子,完全是因為幻覺和妄想症的復發。

根據德克薩斯州的法律規定,一個人如果犯下了殺人案，那麼即使他是一個精神病患者，也極有可能會被判承擔刑事責任。也就是說，不論葉茨是否曾經受到過精神疾病的困擾，只要在犯下命案時具有分辨對錯的能力，那麼她就會被判有罪。

控方認為，葉茨的精神疾病只有在被監禁的時候才會變得尤為嚴重，而當她在家時她的症狀就會緩解，這說明葉茨在溺死 5 個孩子時具有分辨是非的能力。

最終，葉茨被認定犯有謀殺罪，不過陪審團在作出裁決時免除了葉茨的死罪，葉茨被判處終身監禁，直到 2042 年才能獲得一次假釋的機會。在人們看來，葉茨的行為是無法理解的，沒有人會朝自己的孩子下手，她一定是瘋了。這種瘋子殺人的案件如果放在臺灣，精神病司法鑑定就變得尤為重要起來，因為這決定了行凶者到底應不應該負刑事責任。

從心理學的角度來說，一個人到底是否擁有自由意志還不能下定論。但如果從法律的角度來說，自由意志是必然存在的，即一個人可以自由地選擇自己的行為並為自己的行為負責。當一個人行為越軌了，那麼按照法律規定，這個人就要受到懲罰。但如果一個人的行為根本無法自行控制，例如精神病患者，那麼他就不具有自由選擇的能力。一個人到底是否具有自由選擇的能力，要由精神病司法鑑定做判斷。

精神病司法鑑定的全稱叫「司法精神病學鑑定」，是一門交叉學科，介於精神病學和法醫學之間。在對一個觸犯法律的人進行精神鑑定的時候，專家會透過談話和觀察的方式來確定當事人的精神狀態、行為能力、精神損傷程度以及司法精神病因果關係等問題，從而確定當事人是否具有刑事責任能力。

那麼，一些人為了逃避法律責任，會不會偽裝成精神病人，從而騙過精神病司法鑑定專家的眼睛呢？畢竟精神鑑定又不是身體檢查，過程非常主觀。

2011 年 4 月 14 日，中國遼寧鞍山市某村的一家大眾浴池和洗車店內發生了一起特大殺人案，凶手一共殺死了 10 個人。很快，凶手周某就被抓住了，他與被害者的關係十分密切，在他殺死的 10 個人中有他的妻子和兒子。

周某的母親有間歇性精神病，他主要是由父親帶大的。周某從技校畢業後，就來到二台子村工作，並在舊貨市場開了一家電器維修店，周某不僅愛鑽研，還對電器維修技術非常精通，因此這家維修店的生意很好。當存了一些錢後，周某就又開了一家小型機電維修廠。

後來，周某認識了同村的閻某，兩人很快就結婚了。在 2008 年前後，周某的住宅和工廠被動遷，一次性獲得了不少賠償。從那以後，周某一家就搬到岳父閻某某家居住，他想要借用岳父家門前的幾畝地，建立一個規模更大的機電維修廠。

這一次周某失敗了，他將所有積蓄都花在了機電維修廠上，還向岳父借了人民幣10多萬元，但還是不夠，於是周某就向岳父家族的一些親戚借錢。這讓閻某某十分不滿，便開始向親戚們放出風聲，不要再借錢給周某，不然就會血本無歸。這讓周某十分生氣，他覺得岳父看不起他。在案發的幾天前，周某再次厚著臉皮向岳父借錢，但卻遭到了拒絕，周某十分怨恨岳父，於是就產生了殺人的想法。

那麼，周某為什麼要殺死自己的妻子呢？原來他懷疑閻某有外遇。閻某很喜歡上網，而且和網友還保持著曖昧的關係，這讓周某十分不滿。

在案發當天上午，周某殺死10個人後，就打電話給岳父，讓岳父和妻弟來店裡一趟。閻某某由於很討厭這個女婿，就沒同意。幸好他沒去，不然也會被周某殺死。

之後，周某便開著自家的麵包車逃走了，還順便帶走了作案工具——一把錘子。在逃跑的過程中，周某還特意將車輛牌照卸了下來並扔掉。在路過一家小店時，周某還買了些吃的和一身新衣服。

到了4月15日下午，周某將車開到一個偏僻的地方，然後換下了帶血的衣服和鞋子，並將這些東西燒掉。此時的周某已經很長時間沒休息了，他覺得很累，於是就在附近找了一家網咖，準備到燈光昏暗的網咖裡休息一會兒。結果，周某被巡查的警察發現並抓獲了。

周某落網後，就被送去接受精神病司法鑑定。因為周某的行為不僅讓人難以理解，而且他的家族還有精神病史。周某的外婆和母親都患有精神病，而且周某的父母還是近親結婚。

精神病司法鑑定專家在與周某聊天時發現，他是個條理十分清晰的人。再加上周某在作案時，曾抽了 4 包菸，殺害 3 個最親的親人時中間間隔了很長時間，這說明他在猶豫，並不是受到精神病的支配。最關鍵的是在作案後周某不僅逃跑了，還有殺死岳父的意圖。因此最終的鑑定結果是，周某沒有任何精神方面的疾病，他具有完全刑事責任能力。

一個人如果想要利用精神病逃脫法律的制裁，那麼他就必須要過精神病司法鑑定這一關。不過一個正常人往往很難偽裝成精神病人，更不容易騙過鑑定專家。一個人到底是真瘋還是裝瘋，鑑定專家只需要透過對其進行提問和對其睡眠、飲食、待人接物等行為進行觀察後，就能做出準確的判斷。

病人罪犯處置
—— 從監獄到精神病院

王某是一個60多歲的國企退休工人，居住在一座老式的紅磚牆家屬院裡。在許多人看來，像王某這樣的退休工人的生活應該是很悠閒的，但事實上王某卻生活得非常辛苦，因為他26歲的兒子欣欣是個精神病患者。

有一天，欣欣在樓下玩耍時，突然惡狠狠地踩死了一隻流浪貓。路人看到後十分害怕，就報了警。雖然警察並未拘留欣欣，但王某卻開始對欣欣嚴加看管，防止欣欣再惹出什麼事端來。有一次，王某沒看住欣欣，欣欣在樓下拿起一塊磚頭砸向了清潔工。事後，王某為了息事寧人，不僅替清潔工看病，還說盡了好話，清潔工才沒有報警。

從此以後，王某便開始關心有關精神病患者傷人的事件。有一次，他看到了一則有關精神病患者傷人的新聞，那個男子名叫李某。李某在家人和鄰居的眼中，就是個徹頭徹尾的瘋子，他不僅不工作，還很容易暴怒，甚至還經常揚言要殺人。有一次，李某揚言要殺死弟弟。他的家人很擔心他會做出這樣殘忍的事情來，於是他的父親和弟弟就用繩子將李某勒死了。看到這則新聞後，王某很擔心自己的兒子會像李某一樣。為了防止欣欣出現傷人甚至是殺人的行為，王某決定將欣欣關在家裡，不讓他出門。

王某這麼做有他的理由：一方面是因為欣欣很害怕和外界接觸，不喜歡和人交流；另一方面是王某最擔心的問題，欣欣有暴力傾向。欣欣總會無緣無故地撿起硬物砸人或砸人家的窗戶，周圍鄰居都害怕見到欣欣。

但是這個辦法卻限制了欣欣的自由。當欣欣想下樓去晒太陽時，王某或妻子就會攔住不讓欣欣下樓。欣欣為此很生氣，就順手拿起什麼東西砸人。後來，王某就只能將欣欣的房門換成了朝外反鎖的鐵門，甚至連窗戶也加固起來。每當欣欣出現情緒反常的時候，王某就會將欣欣反鎖在他自己的房間裡。欣欣為此很生氣，總會砸牆或摔東西。有一次半夜，欣欣想要出去，結果發現房門被鎖住了，怎麼也打不開，於是就在房間裡罵人。王某和妻子在隔壁雖然聽見了，也不知道該怎麼辦，只能等欣欣罵累了。欣欣一直鬧到天快亮才去睡覺。

王某也曾想讓欣欣住院接受治療，但當他得知住院的治療費用每月將近人民幣 4,000 元後，就放棄了這種想法。他和妻子的退休金加起來每個月還不到 6,000 元，而且雙方的父母還在，如果讓欣欣住院，錢就不夠用了。

從欣欣小時候起，王某就覺察到欣欣似乎有些不正常，總覺得欣欣無法控制自己的情緒，說話根本不經大腦。但那個時候忙於工作的王某沒有特別重視，覺得這不是什麼大問題。欣欣在學校的成績很差，沒有朋友，也不和同學老師說話。回到家後，欣欣就會無緣無故地朝著王某夫婦發火，有時候還會動手砸東西。後來，欣欣的情況變得越來越嚴重，走路的時候會自言自語，回家面對著牆也會自言自語，還常常搬起椅子砸牆。

後來等欣欣上高中被退學後，王某才意識到問題的嚴重性，他認為欣欣的精神上可能存在嚴重的問題。於是王某和妻子帶著欣欣去精神病醫院檢查，最終欣欣被診斷患有思覺失調症，而且還有嚴重的被迫害妄想傾向。

像欣欣這樣的精神病人有許多，基本上都無法接受專業的治療。在沒犯法之前，精神病人的家人通常會將他關起來，防止他惹事。但當精神病人觸犯了法律，就會被強制送到精神病院，而不是監獄。

監獄有許多限制存在，罪犯們必須服從獄警的安排，但很顯然精神病人無法配合獄警的安排。而且，精神病人想要在監獄裡得到精神病治療是不可能的，只有精神病院才能對他們進行有效的治療。

將精神病人關進監獄，對於精神病人和社會安定來說都不是好事。如果一個精神病人刑滿釋放後，他重歸社會，不僅不會有良好的適應能力，反而會比進監獄之前更加具有攻擊性，可能會給周圍的人帶來傷害。

對於精神病，大眾有一個最大的誤會，以為精神病就是精神上的癌症，是不可能被治癒的。實際上，大多數精神病患者是有治癒的希望的。但前提條件是精神病患者要接受專業、正確、及時的治療，從而才能恢復正常，並回歸到正常生活中。就算是一個人患有嚴重的思覺失調症，也有可能恢復正常。當然，家庭和社會的支持也是很重要的。據研究，一個精神病患者如果能得到專業的治療、家庭和社會的支持，會恢復得更快、更好。有時候，精神病人在觸犯了法律後雖然並未被送進監獄，但也沒被送到精神病院接受治療。

陳某是個精神病患者，在她沒發病之前，和正常人基本上一樣。2005 年，陳某與高某相識並結婚。婚後，陳某生下了一個兒子和一個女兒。在 2013 年，陳某和丈夫因為兒子讀書的問題搬家了。

2013 年 12 月 27 日的凌晨，陳某突然起床去上廁所。上完廁所後，陳某在準備上床繼續睡覺時，突然注意到了自家屋子裡放著的擀麵棍。陳某看了看擀麵棍，又看了看床上熟睡中的丈夫，突然產生一種十分強烈的打人的衝動。於是，陳某就拿起了擀麵棍，並朝著熟睡中丈夫的鼻子擊打了一下。高某立刻被驚醒了，他的鼻子流了許多血，陳某立刻用水幫高某止血。

止血後，高某就蹲在地上。陳某看到後，又拿起了擀麵棍，然後開始擊打高某的面部和頭部。高某完全沒想到妻子居然還會再次攻擊他，直接被打暈了。由於陳某所擊打的部位都是高某的頭部，因此過沒多久高某就被打死了。

天亮後，陳某像什麼事情都沒發生一樣將兒子送到了親戚家，然後一個人在街道上閒逛。晚上 7 點左右，高某的妹妹將陳某的兒子送回家。等她打開門後，卻看到哥哥倒在了血泊中，於是立刻報了警。

2013 年 12 月 28 日晚上 6 點多，陳某在哥哥的勸導下去警察局投案自首。在隨後的案件審理中，由於陳某被司法鑑定患有器質性精神障礙，並且在案發時是受到精神病症狀的影響，從而失去了辨認和控制自己行為的能力，不具備刑事責任能力。隨後，警察局就通知陳某的家人，讓他們帶走了陳某。

像陳某這樣的情況，最好的辦法還是接受精神病院的專業治療。雖然陳某有家人的照顧，但她的家人難免會覺得恐懼，畢竟陳某殺死過她的丈夫。因此家人對陳某的照顧通常會是將她關起來，這樣反而會導致陳某病情的加重。

對於精神病患者來說，有時候專業的治療也不是最重要的，重要的還是對待他們的態度。畢竟有些精神病院並沒有想像中的那麼專業。例如美國心理學家大衛．羅森漢恩（David L. Rosenhan）在 1973 年做的一項與精神病院有關的實驗。

在羅森漢恩的安排下，8 個正常人偽裝成精神病患者並住進了精神病院裡。在這裡不少人都感覺，醫生和護理師根本不尊重精神病患者，有一位護理師甚至會在精神病患者面前解開衣服來調整自己的內衣。這名護理師這麼做當然不是為了引誘精神病患者，她只是沒把精神病患者當人看。

總之，精神病患者如果能得到人性化的對待，將會漸漸恢復正常。這一點，一個名叫菲利普．皮內爾（Philippe Pinel）的醫生早已經證明了。在西元 1793 年，皮內爾開始負責巴黎的一家收容所。這個收容所很特殊，主要關押了精神病患者。皮內爾採取了完全不同的態度，他不僅尊重這些精神病患者，還經常鼓勵他們。漸漸地，許多精神病患者不再像以前那麼具有攻擊性，有些甚至完全恢復了正常。

第八章

罪與罰 —— 犯罪的刑責與預防

正義與非正義
—— 刑罰的目的

2006 年 7 月 15 日晚上 10 點左右，中國陝西省漢陰縣鳳凰山下的許多村民看到山頂附近發生了大火。原來是鐵瓦殿道觀著火了。當 6 名護林員將山上的大火撲滅後，發現鐵瓦殿道觀裡有許多屍體，到處都是血跡，兩間房屋已經被大火燒塌。

當地平梁鎮的警方接到報案後，立刻趕到了鐵瓦殿道觀，並開始搜尋屍體。警方一共找到了 10 具屍體，分別死在不同的房間裡，其中 6 個人是道觀人員，剩下的 4 個人是香客。

在這 10 名被害者中，9 個人的屍體上只有致命傷，屍體完整。但另一個人的屍體卻慘不忍睹，這個人是道觀住持熊某，他的心臟被盛放在一個盤子裡，而且還被炒熟了，凶手應該是將熊某的心臟剖了出來。這個盤子裡還有熊某的一個眼珠。熊某的臉部血肉模糊，應該被凶手砍了五六刀。此外，熊某的胸脯和腳上還分別被挖掉了 3 塊肉，並被扔在兩個房間裡。

所有屍體上都蓋著道觀裡的紅布，其中有 7 具屍體是裸體。道觀的供桌旁還有一隻死雞，應該是凶手祭祀用的。警方雖然沒有在道觀內發現作案工具，但卻看到了凶手在牆上留下的字跡，上面寫著「該殺」等充滿了仇恨的字眼。凶手在離開案發現場前，並沒有將香客身上的現金、手機以及道觀的功德箱內的錢拿走，因此可以確定這並不是一起搶劫殺人案。那麼，到底是誰犯下了如此凶殘的命案呢？根據屍檢結果，命案的發生時間應該是 7 月 14 日的夜晚，於是警方就開始向社會大眾徵集線索。

一個名叫廖某的人向警方提供了一條關鍵線索，這個人是鐵瓦殿民主管理委員會出納員和治安員。廖某告訴警方，7 月 14 日這天正好是廟會，所以管委會的 7 名成員全都來到了鐵瓦殿。在下午 5 點半左右，廖某離開了鐵瓦殿，準備下山。在晚上 7 點左右，廖某在一條狹窄的山徑上見到了一名男子，這名男子叫邱興華，曾是鐵瓦殿道觀的香客，廖某與他見過一面。據廖某回憶，那天的邱興華顯得很不正常，廖某和他打招呼他也不理，而且身上還背著一個黑包，手裡牽著一隻花皮小狗。

還有人向警方反映，在案發前他曾看到邱興華隨身攜帶著一件寬大的毛線外套，由於天氣炎熱，於是他就問邱興華：「你帶著毛衣幹嘛？」邱興華回答說：「毛衣多好啊，能穿能睡。」警方認為，邱興華在當時已經做好了殺人逃亡的準備。

在接下來的搜捕工作中，警方發現了許多邱興華丟下的東西，例如毛衣、一把扳手、從道觀裡帶出來的白糖、一本經書、被害者手上的一枚戒指、兩包沒有拆開的香菸。

當警方追蹤到邱興華的外甥家時，邱興華早就沒了蹤影，他的外甥告訴警方，早在 4 個小時前邱興華就已經離開了，他說要到漢江對岸山上的一個朋友家去。警方離開趕往漢江對岸，卻被邱興華發現了蹤跡，邱興華匆匆收拾好東西與朋友告別了，並繼續逃亡。這樣一來，有關邱興華的線索便中斷了。為了盡快抓捕邱興華，警察局發出了 A 級通緝令 [014]，並懸賞人民幣 5 萬元緝拿邱興華。

7 月 30 日，消失的邱興華突然在湖北省隨州市現身，並在武安鐵路工地的一個臨時工棚裡傷人搶劫，受害者是一名工人，他的黑色背包被邱興華搶走，身體還被邱興華給劃傷了。

7 月 31 日，隨州市曾都區的萬福店農場魏崗村發生了一起搶劫傷人事件，3 個人被歹徒砍傷了，還被搶走了 1,302 元現金。其中受害者魏某凱因為傷重搶救無效死亡。剩下的兩名受害者徐某秀和魏某梅雖然僥倖保住了性命，但傷勢十分嚴重。

[014] 在中華人民共和國範圍內發布的最高級別通緝令，主要適用於情況緊急、案情重大或突發惡性案件。

徐某秀是魏某凱的妻子，魏某梅是魏某凱的女兒。她們對警方說，砍人搶劫的人是邱興華，他在來到魏崗村後就曾遊說魏某凱，說要幫魏某凱做生意，從而取得了魏某凱的信任，並留邱興華在家裡住宿。在案發的當天晚上，魏某凱及其家人在吃完晚飯後就準備去睡覺。後來，邱興華就趁著他們休息時，突然用斧頭和彎刀向這 3 人的頭部砍去。

8 月 2 日，警方接到了陝西安康市石泉縣後柳鎮的一名婦女的報警電話，她說自己在山上打豬草時遇到了邱興華，當時邱興華還朝她討要東西吃。隨後，當地警察局就派出了 300 多名警察封鎖了該地區，但並未找到邱興華的蹤影。

8 月 5 日，鳳凰山北邊的五愛村有兩個漆匠發現了邱興華的蹤跡。這兩名漆匠在距離五愛村 6 公里外搭建了一個臨時工棚，他們吃住都在這裡。在昨天晚上，兩名漆匠在山下過夜。等第二天早上來到山上的工棚時，卻發現有人在工棚裡做飯了，鍋裡的飯還熱著，桌子的碗中還有一些沒吃完的飯。兩名漆匠懷疑是邱興華剛來過，於是就匆匆下山去報警。很快，數百名警察來到了這裡，但依舊沒有抓住邱興華。

為了將狡猾的邱興華抓住，當地警方將賞金提升到 10 萬元，還派專員與邱興華妻子和兒女協商，希望他們能勸邱興華自首。此外，警方還在邱興華的家裡安排了一些警察，準備來個守株待兔。

8 月 19 日晚上 8 點多，邱興華出現在家中，當他敲自家的房門時，突然出現了 4 名警察。看到警察後，邱興華很意外，他的家人情緒顯得非常激動，阻止警察抓捕邱興華。在混亂中，邱興華向家人大喊道：「快給我拿一把菜刀！快把菜刀給我！」所幸，邱興華的家人並沒遞給他菜刀，邱興華很快就被警察給控制住了。被抓住的邱興華似乎很不甘心，死死地咬住一名警察的手臂不放。

在被警察帶走之前，邱興華還對自己的 3 個子女說，要他們學習自己好的一面，不要做違法亂紀的事情。

邱興華早在行凶殺人之前，就曾因為盜竊罪被拘留過 3 次。邱興華的原籍是石泉縣後柳鎮一心村，他在 1999 年的冬天帶著家人搬離了從小生活的村子。因為邱興華實在待不下去了，他不僅是村裡的超生戶 [015]，還欠下了許多債務。在一心村，邱興華的名聲很不好，他不僅欠錢不還，還經常在替人修理機器時故意人為地製造一些問題。

來到一個新的地方後，家裡的經濟條件依舊沒有得到改善。從 2006 年起，邱興華的家庭條件變得更加困難起來，家裡幾乎沒有什麼收入，甚至連糧食也買不起了。5 月分的一天，當邱興華夫婦在石泉縣城逛街的時候，突然被一個頭髮

[015] 1980 年代初期，中國為了控制過快的人口成長，實施一胎化的計劃生育政策；後於 2015 年解禁。

和鬍子都花白的老頭叫住了，他對邱興華說：「你看著有心事，要不我給你算一算吧？你只要去鳳凰山上找到兩塊刻著邱姓祖先的石碑，然後多燒些香火，就能時來運轉。」

於是，邱興華夫婦就按照老頭所說的來到鳳凰山尋找石碑，結果他果然找到了兩塊刻著姓邱人名的石碑，而且就放在鐵瓦殿的山頂露天處，還被用作踏板，邱興華就把這兩塊石碑移到了牆邊。道觀的管理人員宋某看到後，便制止邱興華的這種行為。邱興華當然不高興，雙方就起了爭執。後來，道觀住持熊某也加入了這場爭吵中，邱興華覺得熊某有調戲他妻子的行為，於是就產生了殺人毀觀的念頭。

在 7 月 14 日的晚上，邱興華帶著斧頭和彎刀偷偷溜到鐵瓦殿的道觀內，趁著管理人員和香客熟睡之時，殺死了他們。作案後，邱興華就放了一把火，然後逃走了，直到 8 月 19 日被捕。

在一審判決中，邱興華被判處了死刑。10 月 31 日，邱興華遞交了上訴狀，據他的妻子反映，邱興華有精神病史。在二審開庭時，邱興華的辯護律師提出要為邱興華進行精神病司法鑑定，但並未被法庭所採納。12 月 28 日，該案件繼續進行審理，審判的結果依舊是維持邱興華死刑。

邱興華在聽到死刑的宣判後，並未表現出頹喪的情緒，當審判長叫邱興華的名字時，邱興華還響亮地回答：「到！」

於是審判長便問道：「是否聽清楚了審判結果？」邱興華回答：「聽清楚了。」

隨後，邱興華就被法警押解著送上刑車。刑車旁等候著許多記者，記者們看到邱興華出來後，都想採訪一下邱興華。其中一名記者突然大聲問道：「邱興華，你後悔嗎？」邱興華笑著說道：「不後悔！」

這天的 9 點 57 分，邱興華在安康江北河岸邊的採沙廠被執行了死刑。

在西安市的司法精神病學專家看來，這起案件最大的遺憾就是沒為邱興華進行司法鑑定。即使邱興華在接受司法鑑定後被認為患有精神病，也未必不能判死刑。接受精神病鑑定屬於被告人的權利，如果被告人的權利得不到維護，那麼將會有損於司法的權威性。

雖然這起案件存在一定的爭議，但邱興華也算是罪有應得，畢竟他的身上背負了多條人命。法律不僅可以幫助我們維護社會治安，還具有維護公平正義的作用。當一個人做出違法行為時，他理應為自己的所作所為付出代價，這也是刑罰的目的。如果一個人的惡行沒有受到應有的懲罰，那麼我們就會懷疑司法的公正性，而追求公平則是我們的本能之一。例如我們的近親黑猩猩也具有追求公平的本能。在一項實驗中，實驗者會為兩隻關在兩個籠子裡的黑猩猩提供食物。如果實驗者只提供香蕉給其中一隻黑猩猩，而提供黃瓜給另一隻黑猩猩，那麼得到黃瓜的黑猩猩就會憤怒地將黃瓜扔給實驗者。這是因為對黑猩猩來說，黃瓜遠沒有香蕉美味，而實驗者的這種做法顯然是不公平的。

對人身自由的剝奪
—— 監禁

2015 年 9 月 14 日下午 4 點左右，中國廣東廣州市的警方接到民眾報警，有人在流花湖公園裡發現了一具女屍。經調查，死者為廣州醫科大學失聯的女生趙某，21 歲。在 9 月 12 日的晚上，微信朋友圈開始流傳一則焦急的尋人資訊，而失蹤者就是趙某。原來，趙某在當天下午離開學校後就去了流花湖公園，然後就失聯了，她的親朋好友怎麼也找不到她。

為了盡快破案，警方立刻成立了專案組，開始調取數百個監控錄影反覆查看，盡量找出被害者在失蹤時曾遇到過什麼可疑人員。很快，一個外號叫「阿狗」的人走進了警方的視線，警方在一家網咖抓住了阿狗。但在審訊過程中，阿狗的態度十分強硬，不僅不交代真實身分，還拒絕供述犯罪事實。於是警方就只能透過調查走訪、法醫檢驗等方式來確定阿狗的真實身分，並查清了阿狗的犯罪過程。

阿狗的真實姓名是鄭某，28 歲，江西人。在 2011 年，鄭某就因為強姦罪而被判刑，直到 2015 年 3 月才獲得了自由。鄭某所犯下的強姦案中，有一起案件性質十分惡劣，他曾在 2009 年的 10 月分對一名孕婦實施了強姦。

在 9 月 12 日的晚上 7 點左右，鄭某在流花湖公園的一個水池旁看到了獨自一人的趙某，遂生出邪念，於是就用手勒住趙某的頸部，將趙某拖到草叢中實施強姦。趙某的激烈反抗讓鄭某綁住她的雙手，還用衣物塞住趙某的嘴巴。在被強姦的過程中，趙某死了。之後，鄭某就將趙某的屍體用重物沉到了水池中。

這並不是鄭某出獄後犯下的第一起強姦案，他在出獄後的第 16 天就開始實施強姦。接下來，等待鄭某的將是又一次審判。

在庭審過程中，鄭某對於起訴書中所指控的大部分事實並未提出異議。但他卻堅稱自己沒有殺人，他在遇到被害人趙某的時候，趙某就已經死亡了，他的行為只能算得上是侮辱屍體。不論怎樣，等待他的都將是法律的嚴懲，例如長期的監禁，甚至是付出生命的代價。

當一個人觸犯了法律後，會得到應有的懲罰。在懲罰方式中，監禁是最常見的一種，即將罪犯關進監獄接受改造。被關進監獄的罪犯沒有自由可言，活動的範圍也十分有限。對於大多數的罪犯來說，監獄的生活都是難以適應的，會給罪犯的身體或心理帶來一定的傷害。

在刑罰中，監禁的目的是為了懲罰，並且希望罪犯在監禁過程中能接受教育和改造，從而在走出監獄後能融入正常的社會生活中去，不再出現違法犯罪的行為。但事與願違的是，許多罪犯在走出監獄後常常會再次犯案。

2015年5月18日晚上11點左右，江蘇蘇州市埇橋區的警察局接到了一通報案電話，打電話的人是曹村鎮村民吳某，她告訴警方自己的妹妹被人強姦了。警方立刻趕到案發現場了解情況。

受害者的丈夫和兒子常年在外地工作，只有到逢年過節的時候才會回家。於是一年中的大部分時間只有受害者一人在家。在案發當晚，受害人去看望了一下母親，然後在晚上10點左右時獨自一人騎著電動車回家。

回到家後，受害者像往常一樣打開了自家院子的大門，然後準備將電動車推到院內。這時，受害者突然聽到了一聲響動，聲音是從廚房傳來的。於是受害者就去廚房查看情況，結果在廚房裡發現了同村的一名男子亢某。

受害者被亢某嚇了一跳，隨後質問道：「你怎麼會在我家？你到底想幹什麼？」亢某什麼也沒說，直接向受害者走去，這時受害者才發現亢某喝醉了。受害者開始有些害怕，於是就打算離開。但沒走兩步，肩膀就被亢某抓住了，衣服也被撕扯開。之後，亢某就對受害者實施了強姦。在整個過程中，受害者一直在激烈地反抗，但根本不是亢某的對手。

很快，警察就在報案人吳某的帶領下來到了亢某的住所，並將亢某抓住。在審訊過程中，亢某對自己所犯下的罪行供認不諱，還說一早就對受害者有不良企圖。在案發的當晚，亢某喝了不少酒，向酒借膽的亢某就翻牆進入了受害者的家中，並等待受害者的到來。

警方在進一步偵查中發現，亢某曾因強姦罪被判處有期徒刑7年。這7年的監禁生活並沒有讓亢某改過自新，於是他在獲得自由後再次犯案。

那麼，一個罪犯為什麼會在重獲自由後再次犯案呢？這與監禁的生活經歷是分不開的。監獄裡的生活對一個人來說是十分難以忍受的，完全沒有自由可言，就連吃飯和睡覺等一些基本生活行為都不能由自己做主。而且不少監獄裡還會出現囚犯被虐待的現象。一個罪犯既有可能會被其他身強體壯的罪犯虐待，也有可能會被獄警虐待。

著名心理學家菲利普·津巴多（Philip George Zimbardo）曾在1971年設計了一項實驗，這項實驗被稱為史丹佛監獄實驗。津巴多招來了一些身心健康的大學生，然後讓他們進入一個模擬的監獄環境裡，並將他們分成兩組，其中一組學生扮演獄警，另一組學生扮演犯人。在實驗開始後不久，就出現了讓人震驚的場景。

獄警們為了鎮壓犯人，會透過各種方式來虐待犯人，儘管他們知道這些犯人是假裝的，並不是真正的犯罪分子。虐待的方式可謂是花樣百出：脫光犯人的衣服、將犯人關數個小時的禁閉、沒收犯人的枕頭和被褥、取消犯人吃飯的權利、強迫犯人用手清洗馬桶等。有時候獄警們還會刻意進行一些無意義的活動，例如剝奪犯人的睡眠，目的就是為了羞辱犯人，這無異於精神折磨。

在兩天不到的時間裡，就有不少犯人因為忍受不了這種折磨而瀕臨崩潰。有些犯人還會因為極大的精神壓力而出現哭泣、咒罵等各種歇斯底里的症狀。有些犯人還會提出提前結束實驗的要求，希望津巴多能還他自由。

在真實的監獄中，犯人們除了可能會受到獄警的虐待外，還有可能遭受其他犯人的暴力和性侵。在美國，警察為了迫使罪犯主動交代犯罪事實，會故意將一名罪犯和強姦犯、殺人犯關在一起。一名罪犯在條件惡劣的監獄中，他的精神狀態往往會受到重創。

奧地利有一個連環殺手，名叫傑克·恩特維格（Jack Unterwegar）。恩特維格曾因殺害了一名18歲少女而被判入獄。當時奧地利開始針對懲教體系進行改革。奧地利的司法部長和許多知識分子都認為，教育可以改變一切，即使是最暴力的罪犯在被教育後，也可以重新融入社會中。

恩特維格利用這個機會開始學習知識，努力提高自己的文化內涵和寫作能力。他開始創作詩歌和戲劇，還經常為奧地利電臺寫兒童故事。這些兒童故事受到了許多人的喜愛，人們開始覺得恩特維格已經改過自新了，他已經從殺人犯變成了一個內心善良的人。恩特維格的口才還很不錯，他在表達時，不僅條理清晰，而且個性鮮明。維也納的文壇也開始追捧恩特維格這個文壇新秀，認為恩特維格可以很好地證明文學具有改造人且使人向善的理論。大眾也開始注意到恩特維格，並漸漸忽視了他曾殺過人的事實。但誰也沒想到的是，恩特維格不僅沒有改變，而且變本加厲，開始殘害更多的女人。

在警方追捕恩特維格的過程中，恩特維格曾對自己的女友說，警方誣陷他是連環殺人犯，要抓捕他。說完，恩特維格傷心地哭了起來。後來，恩特維格對女友說，如果他被捕了，他寧願自殺，也不願再坐牢。最終，恩特維格真的在監獄中自殺了。

自殺的行為常常在監獄中發生。但對於犯人自殺行為的原因，存在著很大的爭議。有些犯人是為了逃避監獄內的痛苦生活而選擇自殺的，但這種自殺行為並不具有普遍性。據研究，犯人們通常在面對以下兩種狀況的時候會產生自殺的想法：第一種情況是在等待審判結果的過程中；第二種情況是剛被關進監獄的幾個月內。

性暴力也是監獄中的普遍現象，不過主要以男子監獄為主。如果一個罪犯的體格較為瘦弱，那麼他就極有可能會在監獄內遭受強姦。此外，如果一個罪犯因猥褻兒童而入獄，那麼他被強姦的可能性也會很大。

一些經常遭受性侵的罪犯為了抵制被性侵，通常會有兩條出路：一個是自殺，另一個則是尋找一個保護者。保護者都是身強體壯的罪犯，但這種保護並不是免費的，被保護者必須成為保護者的奴隸，為保護者提供性服務、打掃房間等。有的時候，被保護者還會被脅迫和其他罪犯發生性關係，從而為保護者賺些外快，例如香菸。

那麼，性暴力的現象為什麼在監獄中如此普遍呢？在男子監獄中，男人強姦男人並不是為了獲得性滿足，也不是同性戀行為，只是一種表現自己強大的方式，即用強姦的方式來征服和侮辱其他犯人。

對於被強姦的罪犯來說，他們會和所有被強姦的普通男人一樣，會覺得自己喪失了身為男性的尊嚴。而這正是實施強姦的罪犯想要達到的效果。

一個罪犯如果在監獄裡經常遭受暴力和強姦，那麼他的心理會變得更加扭曲。當他重獲自由後，不僅不會努力融入社會中，反而會有一種報復社會的心理，會更容易犯下強姦案。

對於監獄內的犯人們來說，自由是他們最為渴望的東西。正因如此，不少犯人在初入監獄時才會覺得難以適應，並出現許多心理問題。但如果一個犯人被關押了很多年，他就會出現一種離不開監獄的心理，甚至會對監獄產生依賴。這就好像電影《刺激 1995》中的老布一樣，對自由充滿了渴望，一朝獲得自由後，反而會不知所措。

老布名叫布魯克斯·哈特倫，是鯊堡州立監獄裡年紀最大的囚犯，主要負責管理監獄裡的圖書館。他服刑 50 年後，終於獲得假釋，可以出獄。但早已經習慣監獄生活的老布根本無法適應外面的社會。最終，老布選擇了自殺。

老布的這種情況在真實的監獄中也十分常見。一些犯人因為服刑時間較長，等到出獄的時候已經是垂暮之年，不僅難以適應社會，而且還被親朋好友所拋棄。當這些老年犯人出獄後，更容易出現心理問題，而且自殺率也很高。

孫某是河南省漯河人，被關在河南省第三監獄，他在 86 歲時刑滿釋放，但他卻像《刺激 1995》中的老布一樣，根本不願意出獄，因為他早就已經被監獄和時間體制化了。

孫某生於 1923 年，在中華人民共和國成立前曾是國民黨青年軍的排長。在中華人民共和國成立後，孫某成了一名工人。1954 年，孫某因為偷竊罪被判刑 1 年。和所有被關進監獄中的犯人一樣，孫某很不適應，十分抗拒接受改造，於是就被加了 2 年刑期。

刑滿釋放後，孫某的第一反應就是回家。但沒多久，他再次因為盜竊罪被捕。這一次他從監獄出來後，就找不到老婆孩子了，於是只能投奔自己的堂妹，幫堂妹賣豬肉。但後來，孫某和堂妹發生了爭吵，就被趕走了。

由於找不到謀生的工作，孫某就漸漸和監獄裡認識的朋友走到了一起，於是他們就商量著怎麼偷東西。孫某每次偷東西都會被抓。1988 年，孫某偷了一包百貨用品被抓了，因為正值「嚴打」[016] 期間，孫某被判了 8 年有期徒刑。

出獄後，孫某在漯河的一個農村找了一份工作，他替人看瓜田，對方管他吃住。一天，孫某在瓜棚裡強姦了一個未成年少女。這件事情在村裡鬧出了很大的風波，村民們對孫某的行為非常憤怒，於是就將他送到了派出所。由於犯下的罪行嚴重，孫某被判了 17 年，此時他已經 73 歲了。

孫某被送到了河南省第三監獄。在這裡，孫某表現得不錯，他會嚴格按照要求去做，例如打掃廁所或照顧病號。

因為年紀較大，孫某和許多老年犯人一樣都受到了監獄的額外照顧，不僅不用出操、到廠房做工，還有不少娛樂活

[016] 嚴厲打擊刑事犯罪活動，為中華人民共和國多次實施的以打擊刑事犯罪活動為目標的運動。

動，例如看電視戲曲節目。每逢節假日，監獄裡還會專門成立戲迷樂園。參加這些活動時，孫某就會和其他老年犯人一樣早早地搬出小板凳，占個前排的位置。

當然，老年犯人也需要接受改造和教育。他們會被安排閱讀相關學習資料。有時候，獄警也會安排任務給老年犯人，例如記誦監獄規章。孫某的記性不錯，每次都能當著獄友背誦出監獄規章，這讓獄友們羨慕不已，而孫某也因此得到了獄友們的尊重。

在出獄的半年前，孫某就收到了減刑裁定書，當時他十分不情願，還發了火。2009 年 10 月 24 日，這天是孫某出獄的日子。按照規定，孫某得在釋放證上按下紅色手印，還得換下囚衣。對這個過程，孫某十分抗拒，他用雙手扯住袖口，阻止獄警為他換衣服，還哭鬧著不要出獄。

孫某出獄後被送到了養老院，因為他沒有親人可以投靠。在孫某的卷宗裡，只有一個親屬的筆錄，這個人是他的堂妹，她在筆錄裡只留下了一句話：「你們槍斃他算了，其他的也沒啥可說的了。」

這種現象在第三監獄裡十分常見。有許多老年犯人在出獄後，即使回家有子女照顧，也會想回監獄。有些老年犯人還會天天守在監獄大門前，哭著喊著要求回到監獄。有一次，第三監獄受到烏魯木齊越獄事件的影響，加固圍牆的時候，有些老年犯人看到後十分奇怪：「為什麼會有人越獄？」

在監獄中有一個比較特殊的現象，即能盡快適應監獄生活的人是被判無期徒刑的人。一個人被判的刑期越短，那麼他對監獄的適應能力就越低。對於無期徒刑的犯人來說，監獄就是他們的家，他們會盡快地融入監獄的生活中去，會主動處理好與獄友、獄警的關係，還十分重視個人衛生，對監獄裡舉行的活動也十分積極。

殺人償命的因果 —— 死刑存與廢

1995 年 10 月 13 日，中國河北廣平縣的警察局接到了民眾報案，有人在南寺朗固村東頭的一口枯井裡發現了女屍。死者全身赤裸，屍體已經腫脹腐臭。經過勘察後，警方初步認為死者是在遭受了強姦後被掐死，然後扔到了枯井中。於是，警方就開始在村裡進行逐家排查，希望能發現線索。

村民們向警方提供了一個有重大作案嫌疑的人，他名叫王書金，已經不見了，而且他在 14 歲的時候，因為強姦了一個 8 歲的女孩被判進了少管所，在少管所待了 3 年。出來後，王書金便在村裡的窯廠工作。王書金雖然沒讀什麼書，但力氣卻不小。警方在尋找王書金的時候一直沒有線索，於是這起案件便被擱置起來，而負責這起案件的一名警察鄭成月卻記住了王書金這個人。

2005 年 1 月 18 日的凌晨 1 點多，鄭成月在值班的時候接到了一通電話，打電話的是個來自河南滎陽的女警察。她說，在滎陽的一個窯廠裡發現了一個可疑男子。該男子自稱名叫王勇軍，沒有身分證。

王勇軍在窯廠工作了五六年，平時沉默寡言，不喜歡與人交流。在窯廠裡，沒有人知道王勇軍的真實身分，甚至連他的名字大家也不知道。工人們只知道他是河北人，姓王，就替他取了一個「大王」的外號。

大王和妻子以及兩個孩子就住在窯廠的一處工棚裡，逢年過節也不回老家。最讓警察覺得奇怪的是，平時每當警察去清查暫住人口的時候，大王就會躲起來。有好幾次，警察都看見大王鑽到玉米田或莊稼田裡躲避清查。

在 2005 年 1 月 17 日的晚上 10 點多，警察特意去大王的住所進行調查。當警察提出要看大王的暫住證和身分證時，大王說沒有。於是大王就被警察帶到了警察局。在警察局，大王自稱是河北省邯鄲市肥鄉縣人，名叫王勇軍。但當警察上網查他的身分時，卻根本查不到這個人。於是，警察就只好與邯鄲市肥鄉縣的警方聯絡。但經過核實後，王勇軍根本不是肥鄉縣人。後來，大王就又說了十多個名字和住址，但沒有一個能對上號。

為了能盡快確定大王的真實身分，警方便對大王展開了長時間的審問。在 1 月 18 日的凌晨，大王終於說出了自己的真實身分。大王真名叫王書金，38 歲，河北省邯鄲市廣平縣人。於是，電話就打到了鄭成月那裡。

鄭成月一聽就想到了曾經犯下命案的王書金，於是就在電話中描述王書金的外貌：「他的右眼眶有一條弧形的疤，身高 1.7 米，皮膚較黑。當年殺人時是 28 歲，現在應該是 38 歲。平時留短髮。」鄭成員一說完，就聽到電話那邊響起了一個聲音：「別說了，那就是我。」說話的是王書金。在之後的審訊中，王書金交代了自己犯下的一共 6 起案件，其中 4 起是強姦殺人案，2 起是強姦案。之後，王書金就被河北省邯鄲市廣平縣的警方帶走了。

幾天之後，當警方核查王書金所交代的 6 起案件時，發現了一起奇怪的案件。這是一起強姦殺人案，發生在 1994 年的夏天，石家莊西郊的一名婦女被強姦並殺害。這起案件的奇怪之處就在於已經告破了，而且凶手已經被執行了死刑。凶手的名字叫聶樹斌。

在案發的時候，王書金正好在附近的一個工廠工作。據王書金的交代，他在工廠工作的時候，經常看到被害者從玉米田的中間路過，於是就起了邪念。一天，王書金趁著工友們午休的時候，偷偷地溜出了工廠，並在玉米田附近等被害者出現。被害者騎著車出現了，王書金瞄準機會將被害者從腳踏車上扯了下來。隨後，王書金用手掐住被害者的脖子，等被害者暈過去後，他就將被害者拖到了玉米田裡。不過王書金很快就回來了，他得把被害者的腳踏車給弄走。等王書金忙完這一切後再次回到被害者身邊，這時被害者已經清醒了，於是王書金繼續用手掐住被害者的脖子，等被害者不掙扎了，王書金才鬆開手，然後將被害者的裙子撩開，開始實施強姦。

不過關於王書金所供述的到底是否真實，警方持懷疑的態度。因為這起強姦殺人案在當時當地引起了不小的轟動，許多人都知道該案件的一些細節，而王書金當時在案發地附近工作，因此知道一些案件情節也不足為奇。

1994 年 8 月 8 日的早上，這天是星期一，石家莊市液壓件廠的女工發現康某（被害者）沒來上班，於是就起了疑心。康某是技術科的一名繪圖員，工作踏實認真，人緣也不錯。如果康某有事不能來上班，應該會打個招呼。原來，康某失蹤了，她的家人已經去派出所報案了。

康某和丈夫在工廠附近的孔寨村租了一間民房。她每天下班後都會穿過一片玉米田回家。於是，液壓件廠主管就集合了一批員工去玉米田裡找康某。

結果在天快黑的時候，有幾個人在路西的一個機井旁邊發現了一堆被捲起來的衣服。經康某家人辨認，這正是康某穿的裙子。於是，人們便紛紛猜測康某極有可能遭遇了不測。

第二天早上，工人們再次到玉米田尋找康某的下落。在快到中午的時候，有人在路東的玉米田裡發現了一具已經高度腐爛的屍體，旁邊還有一輛腳踏車。這具屍體便是失蹤的康某。

警方在調查該案件的時候，接到了民眾檢舉。檢舉者說，自從入夏以來，經常有個 20 歲左右的男青年鬼鬼祟祟地出現在宿舍區周圍，每當發現有女人上公共廁所時，他就跟過去。這個男青年經常騎著一輛藍色的山地車。

這個男青年名叫聶樹斌，20 歲。當警方將聶樹斌抓捕後，他的父母怎麼也不相信兒子會犯下強姦殺人這樣的罪行。在母親張煥枝看來，兒子從小膽小內向，再加上有口吃的毛病，很不喜歡與人交流，根本不敢與人吵架或打架。有一次，張煥枝讓聶樹斌幫著殺一隻老母雞，聶樹斌都不敢。她不敢相信一個連雞都不敢殺的人，怎麼敢去強姦殺人！

在抓捕過程中，聶樹斌顯得很慌張，還一直對警察說：「我沒有事，我沒有殺人，你們想帶走我，得先讓我見見我的家人。」當時的辦案警察覺得聶樹斌的言行舉止很可疑，就提高了警覺，覺得他就是強姦殺人犯。

1994 年 12 月 6 日，聶樹斌接受了審判。審判結果認為，聶樹斌犯下了強姦殺人案，判處死刑。對於這個結果聶樹斌表示不服，遂提起上訴。在二審判決中，依舊認定聶樹斌要為強姦殺人案負責，並維持原判。2 天後，聶樹斌被執行了槍決。

這起案件在當時就充滿了許多疑點，比如聶樹斌有不在場證明。根據聶樹斌所在工廠的工人們回憶，在案發的當天聶樹斌正在上班。由於聶樹斌所在工廠下午 5 點就下班，所以中午沒有午休時間。也就是說，在案發當天聶樹斌不可能中午作案，那麼他就只能到下午 5 點下班後再作案了。但聶樹斌所工作的工廠距離案發現場有 5 公里左右的距離，就是騎腳踏車也需要大約 20 分鐘的時間。聶樹斌不可能剛下班，就到 5 公里外的地方作案。最關鍵的是，根據聶樹斌工友們的反映，聶樹斌在案發的那段時間內並未出現任何異常，考勤和工作態度都很正常。

那麼，這起強姦殺人案的凶手到底是聶樹斌還是王書金呢？一張照片成了關鍵證據，這是一張被害者遇害現場的勘察照片。很少有人會注意到照片中的一串鑰匙，這串鑰匙就在被害者左腳西側偏南 30 公分的草叢中。

為什麼這串鑰匙成了關鍵性的證據呢？因為很少有人知道這串鑰匙的存在，而王書金在被警方帶著指認屍體位置的時候，就提到了這串鑰匙。在這個過程中，王書金指出了屍體的位置、腳踏車倒地的位置、掩藏衣服的位置，最重要的是他說自己看到腳踏車上有一串鑰匙後，就拿了起來，後來便想拿著鑰匙也沒用，於是就隨手扔了。這起強姦殺人案終於真相大白了，聶樹斌是被冤枉的！可是他已經被執行了死刑，即便沉冤得雪，年輕的生命也無法挽回了。

死刑可以說是刑罰中最嚴厲的一種懲罰手段。關於死刑的存廢問題一直存在著很大的爭議。如果死刑被廢除了，那麼取代死刑的將會是終身監禁。對於一些殺人犯來說，死刑廢除了，他就不用再以命償命了。這對被害者是不公平的。但依舊有許多人支持廢除死刑，為什麼呢？就是為了防止類似聶樹斌案件的出現。許多人都擔心自己會被冤枉，會為自己沒有犯下的案件而付出生命代價。

像聶樹斌這樣的冤案並不少見，有不少人都會因為間接證據和錯誤的目擊者證言而被冤枉。如果被冤枉的人被執行了死刑，那麼當有新的證據或者真凶出現，真相大白後，對於被冤枉的人是非常不公平的。如果死刑被廢除了，那麼就算出現冤案，像聶樹斌這樣被冤枉的人也能有挽救的機會。

在許多人看來，死刑的存在也有一定的作用。除了要給被害者一個公道外，還可以產生震懾犯罪的作用，從而遏制暴力犯罪的出現。總之，死刑的存廢問題存在長期的爭議，還將繼續爭論下去。

犯罪人與被害人 —— 犯罪預防

諾曼第登陸的成功可以說改變了第二次世界大戰歐洲戰場的局勢，同時也象徵著法西斯開始走向失敗。但盟軍的軍隊依舊無法控制萊茵河流域，尤其是荷蘭這個國家，大部分土地還被納粹所控制。

1944 年 9 月，逃亡到英國倫敦的荷蘭流亡政府開始號召鐵路工人進行大罷工，希望能為盟軍提供支援。這讓德國納粹十分氣憤，很快就展開了報復行動，切斷了荷蘭西部的食物供給。

很快 1944 年的冬天就來了，這是歷史上著名的「荷蘭飢餓的冬天」。由於戰爭的因素，荷蘭的大部分耕地都被破壞了，這意味著人們無法從土地上獲取食物，只能依賴外界的供給。但外界的供給需要交通運輸，可是主要的交通運輸線因為種種原因都被阻斷了。水運是荷蘭常見的一種運輸方式，可是寒冷的冬天將運河阻斷了，船隻根本無法通行。此外，德軍在撤退的時候開始大肆破壞荷蘭的交通運輸線，例如許多橋梁和碼頭都被炸毀了。

在 11 月分時，每座城市的居民每天還能得到 1,000 卡路里的食物。但過了幾個月後，食物供給的數量大大削減。荷蘭大部分地區的人都處於飢餓之中，不少人都因為飢餓而死亡。在這種苦難中出生的孩子，注定了會營養不良，不過能活下來已實屬不易。直到 1945 年 5 月，荷蘭解放後，人們的生活才漸漸好過起來。

1963 年，曾在饑荒中出生和成長起來的孩子已經到了服義務兵役的年齡。每個年輕男子在服兵役之前，都必須接受精神病學的體檢，包括對反社會型人格的評估。結果，成長在當年饑荒嚴重地區的人在長大後形成反社會型人格的機率要遠遠高於生長在衣食無憂的地區的人。這說明，在一個人的成長期，營養是十分重要的。而營養不良則會增加一個人形成反社會型人格的可能性。我們常常聽到這樣一句話——「窮山惡水出刁民」，一個人如果生長於一個連吃飯都是問題的環境下，那麼他就會變得具有攻擊性。

此外調查研究證明，許多犯罪分子，尤其是暴力犯罪者，與母親之間的關係都不怎麼好，有些人從小會受到母親的虐待。在一個人的成長過程中，母親扮演著非常重要的角色。從演化心理學的角度來說，母親是每個人一生中不可或缺的存在。在自然界，幼崽如果離開了母親就無法存活。而對於嬰幼兒來說，母親是他們身心健康發展的重要保障。

一位母親如果真的期盼著自己的孩子降生到這個世上，那麼她從懷孕起就會開始注重對孩子的教育，我們稱之為胎教。不管胎教是否真的會發揮作用，一位母親既然想到了胎教的問題，那麼就意味著她會對自己的孩子負責。這種負責的態度意味著從孩子出生前就做好了準備工作，例如在懷孕期間保持充足的營養、好的心情，最重要的是忌菸忌酒，更別提毒品了。在孩子出生後，母親除了會為孩子提供溫飽的條件外，還會給予孩子關愛。這些都是身為人母的責任，但有些人卻從來沒有受到過來自母親的溫暖，例如美國的一位連環殺手亨利·李·盧卡斯（Henry Lee Lucas）。

盧卡斯從小就飽受母親維奧拉的折磨。1936 年，盧卡斯出生於維吉尼亞一個十分貧困的地方。盧卡斯的父親是個酒鬼，曾在一次醉酒中跌在鐵軌上，並被輾斷了雙腿，喪失了勞動能力。盧卡斯的母親不僅是個酒鬼，還吸毒，她的經濟收入來源於皮肉生意。雖然在盧卡斯的記憶中父親是個一事無成的人，但最起碼不像母親那樣咒罵和毆打他。

對於維奧拉來說，盧卡斯就是她的出氣筒，只要她覺得不順心，盧卡斯就得遭殃，盧卡斯殘疾的左眼就是母親的「傑作」。在盧卡斯 12 歲時，他的頭部受到了重創，始作俑者便是母親。或許正是這次的受傷，讓盧卡斯變得冷血起來，也造成了他的思覺失調。

盧卡斯從小就是個沒有同情心的人，這與長期受虐待是分不開的。在幼年時期，被盧卡斯殘害的對象大多是一些力量不如他的小動物，例如鴿子、小老鼠和貓狗等。抓住小動物後，盧卡斯都會把牠們折磨死。在看到因為被折磨而痛苦不已的小動物時，盧卡斯不僅不同情，反而覺得很有趣。

母親長期的毆打和責罵已經成為盧卡斯生活中的一部分，他已經習以為常。最讓盧卡斯忍受不了的是母親對他精神的折磨，母親總是喜歡把盧卡斯打扮成一個小女生的樣子，還讓盧卡斯穿著裙子去上學。盧卡斯為此總會遭到同學們的嘲笑，他不僅無法得到母親的關愛，就連從同齡人那裡獲得心理慰藉的權利也被母親剝奪了，他身為男性的尊嚴完全被踐踏。

對於被盧卡斯殺害的人來說，盧卡斯就是一個惡魔，他應該被處死。但如果人們了解了盧卡斯的童年經歷後，又會對他的遭遇充滿了同情。盧卡斯曾經是一名受害者，但長大後又變成了一個剝奪許多人生命的劊子手。

盧卡斯的人生有點像電影《大隻佬》（*Running on Karma*）所表達的哲學意義。《大隻佬》雖然是一部驚悚懸疑的電影，但所表達的哲學含義卻和佛教的因果循環有關。在常人的理解中，所謂因果循環就是：種下善因必得善果，而作惡必然會得惡果。但《大隻佬》所表達的因果循環卻是：你作惡，惡果可能會落到別人的頭上；而別人的惡果也可能會由你來承擔。這看起來似乎並不公平，但這種不公平只展現在個體的身上。就整體而言，越多人為善，這個世界就會變得越美好；而越多人作惡，這個世界只會越來越糟糕。

而對於盧卡斯來說，他幼時遭受的虐待可以說是母親在作惡，但這種惡果卻由其他無辜的被害者承擔了。如果惡在盧卡斯這裡就終結，那麼便種下了一個善因。這也正是犯罪預防所要做的，即為兒童和青少年提供更好的成長環境。

在犯罪預防中，有初級、二級和三級之分。一級犯罪預防就是從源頭上解決問題，為兒童和青少年提供良好的教育和成長環境，防止今時的幼童變成來日的罪犯。

不過初級犯罪預防卻很難得到人們的支持，在許多人看來這項工作實在太漫長了，需要花費大量的時間和金錢，而且還不能產生立竿見影的效果。因此，二級犯罪預防是比較受歡迎的，即透過刑罰來制止犯罪行為，簡單而直接。但是只有做好犯罪預防的基礎工作，才能從根本上減少犯罪行為的發生，所以這兩者是不可偏廢的。

科技改變罪犯
—— 未來的犯罪

徐某是中國山東臨沂第十九中學的學生，她在 2016 年參加了高考，後來便接到了南京郵電大學英語專業的錄取通知書。由於家庭經濟困難，徐某便向教育部門申請了助學金，然後一直在家等待消息，而家裡也為她湊了人民幣 9,900 元當學費。

2016 年 8 月 19 日下午 4 點多，徐某的母親李白雲接到了一個 171 開頭的陌生號碼，但對方在說什麼她並沒有聽懂，於是就將電話交給了徐某。

電話那頭的人告訴徐某，她的助學金申請已經獲得了批准。聽到這個消息後，徐某十分高興。緊接著，對方就開始詢問徐某家附近有沒有銀行之類的問題。隨後，對方又用誘導和試探的方式問了幾個問題，徐某便將家裡的基本情況都告訴給了對方。

按照對方的要求，徐某想要得到這筆助學金，就必須去銀行辦個手續。當時的天氣並不好，臨沂下著大雨，急於得到這筆助學金的徐某就冒著大雨，騎著腳踏車來到了附近的一家銀行。

到銀行後，徐某便打電話給對方。對方提出讓徐某將卡中的錢都轉給他，這樣才能啟動銀行卡，對方還說只要徐某能將錢轉到自己指定的帳戶中，半個小時內，他就會將助學金和轉過來的錢一起匯給徐某。

心急的徐某沒多想就按照對方說的去做了，將 9, 900 元學費全部匯給了對方。徐某在銀行等了半個小時，還不見對方將錢匯過來，於是就打電話給對方，但對方已經關機了，此時徐某才意識到自己上當受騙了。

這對於平時十分節儉的徐某來說無異於五雷轟頂。徐某是個非常懂事的女孩，她知道家裡經濟條件不好，所以在花錢的時候徐某十分儉省，有時候父母多給她一些生活費，她也不會要。

回到家後，徐某把被騙的事情告訴了父母。然後徐某就向父親提出了報案的要求。徐父認為，還是不要報案，畢竟被騙的金額較少，報了案也很難追回來。但徐某卻堅持報案，她說自己很難受，還哭著不吃飯。最終在徐某的堅持下，許父連夜陪著徐某去了派出所。

等徐某從派出所出來後，就有些不對勁了，走了沒 3 分鐘的路，徐某就倒下了。等 120 趕來一看，徐某已經死亡了，是死於心臟驟停。

這起詐騙能成功的關鍵在於徐某申請助學金資訊的洩露。徐某在出事前，曾報名參加了一個叫泛海助學山東行動的資助活動。徐某等學生想要申請到助學金，就必須要到教育局填寫申請表，申請表由教育局交給活動主辦方。那麼，到底是誰洩露了徐某的個人資訊呢？

教育局表示沒有洩露徐某的個人資訊。助學活動的主辦方表示，如果批准了學生的助學申請，會直接透過單位座機與學生聯絡，並將銀行卡直接發放給學生，根本不用到銀行去匯款。南京郵電大學方聽到徐某上當受騙的消息後表示，學校只發放了錄取通知書給學生，沒有任何學校工作人員與徐某聯絡。

8 月 27 日，這起電信詐騙案的頭號嫌疑犯陳某到警察局自首。根據他的交代，在詐騙集團中有一個比較懂得電腦技術的人，這個人姓杜，他利用技術攻擊了山東省 2016 高考網上報名資訊系統，並植入了木馬病毒。隨後，杜某便將所獲得的 1,800 名高中畢業生的個資以每條 0.5 元的價格賣給了陳某。於是陳某就策劃了一起詐騙活動，他讓鄭某、黃某等人撥打詐騙電話。在成功騙取了徐某的 9,900 元學費後，陳某就命鄭某取走這筆錢，並很快進行了分贓。

隨著網際網路的發展，我們從中得到了許多便利和娛樂。如今，網路犯罪事件層出不窮，個資洩露是網路上最常見的一種犯罪活動，一些詐騙分子在掌握了受害者的某些個人資訊後，就能輕易地贏得受害者的信任，從而實施詐騙。

除了個資洩露外，線上色情交易這種違法活動也十分常見。

2015年7月初，南京梅園新村的警察在工作的時候發現了一個線上賣淫的資訊，有一個QQ號在網路上到處散布招嫖資訊。此外這個QQ號還經常加入一些QQ群，從而在群組裡傳送一些穿著暴露的女性照片，並表示如果有需要可以與她聯絡。警方為了弄清楚這個線上招嫖資訊是否真的是非法交易，於是就從網路上與這個QQ號取得了聯絡。

警察透過QQ號對對方說，他需要服務，於是該QQ號便為警察提供了多張女性照片，並與警察在一番討價還價之後確定了價格。隨後，警察就接到了該QQ號傳過來的一個地址，對方還讓警察到晚上9點以後過去。

這個地址是一處公寓，位於南京河西。於是警方便在這處公寓附近蹲點守候。在經過幾天的蹲守後，警方發現這裡經常會出現一些陌生的男子，而且陌生男子進去的時間還不長，只是一兩個小時後就出來了。

透過幾天的觀察，警方認為這些陌生男子極有可能是嫖客，而這處公寓裡存在著一個賣淫集團。此外警察還發現，有一對夫妻模樣的人幾乎每天都會在公寓裡進出，還有幾個打扮妖嬈的女子。這對夫妻極有可能是拉皮條的，而那些打扮妖嬈的女子則是賣淫女。

在7月底的一天晚上，警方採取了突然襲擊的方式搗毀這個賣淫窩點。在當晚10點後，蹲守的警察們看到一名男子進入公寓後，就衝了進去。警方當場就抓住了這名嫖客和2名賣淫女，還有組織賣淫的這對夫妻。

這對夫妻並不是南京本地人。他們只是在這裡租了一處兩居室的房子，並將這裡打造成了賣淫窩點。平時，妻子都會透過QQ聊天來尋找嫖客，而丈夫則負責守候在賣淫窩點把風。在這對夫妻看來，透過線上招嫖讓嫖客主動上門的方式比較安全，不容易被警察抓住。不過讓警方意外的是，當這個賣淫窩點被搗毀之後，居然還有嫖客前來這裡尋求色情服務。

除了這種透過線上招嫖的違法行為外，還有許多以提供色情服務為誘餌的詐騙活動。例如下述案例中的張某就被騙了許多錢。

2014年2月18日的晚上7點左右，廣西南寧的張某一個人在出租屋上網。當他瀏覽網頁時，突然看到一個閃著「色情女主播」字樣的小彈窗。張某就點擊了這個小彈窗。打開後，一個名叫「莉莉主播」的美女出現了，莉莉主播和張某開始聊天，隨後便問張某是否需要色情服務，還向張某介紹了各種色情服務的套餐。張某被說得心癢癢，就按照對方的要求花了 8 塊錢註冊，成為該網站的會員。

註冊成功後，莉莉主播告訴張某想要看女主播們的視訊表演，就得先支付 298 元。張某被說動了，於是就透過網銀往對方所提供的帳戶裡轉入了 298 元。

隨後，莉莉主播對張某說，這個網站還有與女主播裸聊的服務，但得先支付 1,000 元。等張某匯出 1,000 元後，莉莉主播便用上門服務來誘惑張某，讓張某向其帳戶匯入了 2,000 元的上門費和 3,000 元的保證金。錢剛一到帳，莉莉主播又提出了服裝費。這一次張某沒有立刻匯錢，他覺得自己已經交了不少錢，但一項服務都沒有享受到。於是張某就告訴莉莉主播，他不會再交錢了。這下莉莉主播的態度來了個 180 度大轉彎，直接回覆了一句「窮鬼！」後就不再和張某聊天。張某這時才意識到自己上當受騙了，於是就到警察局去報案。

像張某這種情況十分常見，但能像張某一樣受騙後去警察局報案的受害者卻很少見。因為嫖娼本來就是違法活動，許多受害者擔心自己去報案後會被當成嫖客處罰。因此許多人就算上當受騙了，也不會去報案。

網路色情服務是一種十分常見的利用網路進行的違法活動。除了上述案例中的這兩種情況外，還有一種情況十分常見，即透過網路這個平臺買賣淫穢圖片或是影片。網路上的色情圖片和影片之所以十分常見，是因為有很大的市場。

對於許多觀看色情圖片或影片的人來說，透過網路的方式進行觀看十分方便，只要打開網路就可以看到，也不用在他人異樣的眼光中去購買相關的雜誌或影碟。但這種現象卻引起了不少父母的擔心，因為這意味著兒童和青少年也可以輕易地從網路上接觸到色情資訊，從而影響他們的身心健康。

此外，因為網路引發的婚外情也不在少數。有些男人因為無法忍受妻子的婚外情，從而導致傷人殺人事件發生。

湖南邵陽市新寧縣曾發生過一起傷人事件，警察局在接到報案後立刻趕往金石鎮高橋路口，但是行凶者已經逃離了現場，傷者雖然緊急送往醫院搶救，還是不幸身亡。行凶者是一個名叫周某的男子。

周某本來有一個幸福美滿的家庭，但自從妻子鄧某迷上網路直播之後，他與妻子的感情就出現了裂痕。鄧某經常在網路上和其他陌生男子聊天，一些男子出手十分闊綽，經常贈送禮物給鄧某。

一天，周某懷疑妻子與一名男子有不正當男女關係，於是就帶著一把水果刀，和妻子以及妻子的大哥、二哥一起去找該男子算帳。當搭車來到金石鎮高橋路口時，周某與鄧某

發生了爭執。氣急了的周某開始毆打鄧某，鄧某的大哥、二哥看到後立刻勸阻。在4個人糾纏的時候，周某趁人不備掏出了隨身攜帶的水果刀，將鄧某的大哥捅傷後，又將妻子的大腿給捅傷了。傷人後，周某將妻子拉上車後立刻逃離了案發現場，將受傷的大哥以及勸架的二哥留在了現場。

警方來到案發現場後發現行凶者已經逃走了，於是就趕緊在各個路口設卡攔截，還在周某的住處附近安排了警力。沒過多久，周某就出現在住所附近，被警察一舉抓獲。

在提起利用網路等高科技犯罪時，我們的腦海中通常都會想起電腦駭客。如果我們的電腦被駭客入侵，那麼我們的電腦就會被植入病毒，這樣電腦功能就會失常，會給電腦中儲存的重要檔案帶來危害，有些電腦病毒甚至能直接將重要檔案刪除。這會為我們的工作和生活帶來許多不便。例如2017年出現的勒索病毒。

此外，恐怖組織也開始利用網路與恐怖分子聯絡，還會在網路上蠱惑年輕人加入恐怖組織。例如極端恐怖組織ISIS ——「伊斯蘭國」就經常在社群網路上蠱惑西方青年到中東進行所謂的「聖戰」。

車臣共和國的3個女孩與ISIS的招募人員在網路上有了接觸，她們表示自己十分渴望去敘利亞，但卻遇到了一個障礙，沒有路費。ISIS的負責人一聽，便提出願意為3個女孩提供路費。於是 3, 300 美元就匯到了女孩的帳戶上，3 名女孩在得到錢後立刻刪除了帳號。

最終，這 3 個女孩被車臣警方在監控網路犯罪時發現了，於是就以詐騙罪逮捕了她們。這是車臣共和國發生的首起詐騙恐怖組織案件，十分罕見。

雖然 ISIS 栽在了這 3 個女孩的手中，但卻騙到了更多的人。車臣共和國有許多年輕人真的透過網路加入了 ISIS 組織，並且真的到敘利亞去了。

恐怖分子除了將網路視為與其他人聯絡的平臺外，還曾入侵過美國的電腦網路。懂得高科技的恐怖組織無異於如虎添翼，會威脅到更多無辜人的生命安全。未來的犯罪活動將更多藉助高科技的力量，由此可見一斑。

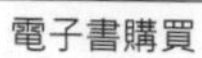

爽讀 APP

國家圖書館出版品預行編目資料

誰是真正的凶手？「犯罪心理學」談罪惡的起源：隨機砍人、弒夫虐童、擄人勒贖、毒害同儕……超過 30 樁刑案解析，為什麼他們會「被」變成殺人犯？ / 李娟娟 著，京師心智 組編 . -- 第一版 . -- 臺北市：樂律文化事業有限公司 , 2024.07
面；　公分
POD 版
ISBN 978-626-98761-7-4(平裝)
1.CST: 犯罪心理學
548.52　　113009202

誰是真正的凶手？「犯罪心理學」談罪惡的起源：隨機砍人、弒夫虐童、擄人勒贖、毒害同儕……超過 30 樁刑案解析，為什麼他們會「被」變成殺人犯？

臉書

作　　者：李娟娟
組　　編：京師心智
責任編輯：高惠娟
發 行 人：黃振庭
出 版 者：樂律文化事業有限公司
發 行 者：崧博出版事業有限公司
E-mail：sonbookservice@gmail.com
粉 絲 頁：https://www.facebook.com/sonbookss/
網　　址：https://sonbook.net/
地　　址：台北市中正區重慶南路一段 61 號 8 樓
8F., No.61, Sec. 1, Chongqing S. Rd., Zhongzheng Dist., Taipei City 100, Taiwan
電　　話：(02) 2370-3310　　傳　　真：(02) 2388-1990
律師顧問：廣華律師事務所 張珮琦律師
定　　價：380 元
發行日期：2024 年 07 月第一版
◎本書以 POD 印製